Les labyrinthes du Javari

Éditions Favre SA
Siège social et bureaux:
29, rue de Bourg – CH-1002 Lausanne
Tél.: (+41) 021 312 17 17
lausanne@editionsfavre.com
www.editionsfavre.com

Groupe Libella

Dépôt légal en novembre 2024.
Tous droits réservés pour tous pays.
Sauf autorisation expresse,
toute reproduction de ce livre, même partielle,
par tous procédés, est interdite.

Mise en page couverture: Iuna Allioux
Image de couverture: La charmeuse de serpents – Henri Rousseau
(Bridgeman Images)
Mise en pages: Lemuri-Concept

ISBN: 978-2-8289-2205-4

© 2024, Éditions Favre SA, Lausanne, Suisse

Les Éditions Favre bénéficient d'un soutien structurel
de l'Office fédéral de la culture pour les années 2021-2024.

Claire-Lise Jeanneret

Les labyrinthes du Javari

Roman

FAVRE

Pour Manuelle et Lucas

« *Il y a un temps pour vivre et un temps pour témoigner de vivre. Il y a aussi un temps pour créer, ce qui est moins naturel.* »

Albert Camus, *Noces*, in « Noces à Tipasa »

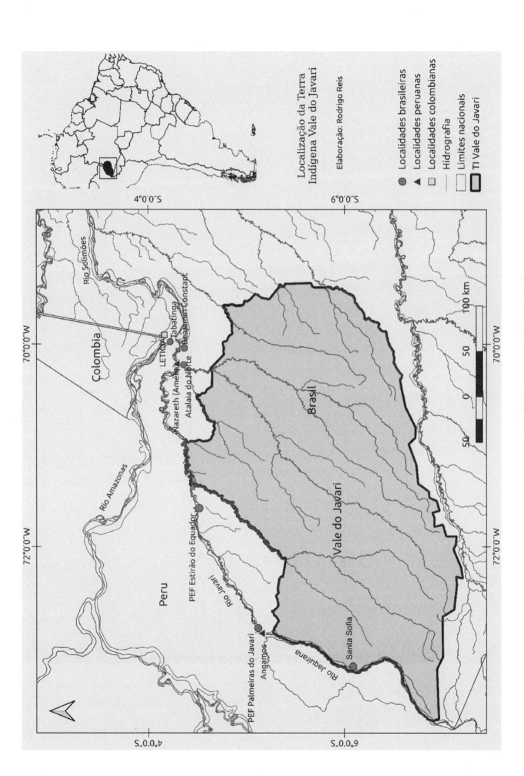

1

Manaus, 29 mai 82

Étienne est parti ce matin pour le rio Jau. Il ne sait pas quand il rentrera.

Solitude et ennui. Pauline s'épanche dans son journal. Peu d'événements jalonnent son existence, essentiellement les départs et les retours de son mari.

Pas avant deux à trois semaines, a-t-il estimé. Sur ces fleuves, on ne peut jamais rien prévoir. Un beau matin, le rio en crue empêche toute navigation, la semaine suivante, un banc de sable retient le bateau prisonnier. Ces immobilisations forcées, dues à l'humeur des cours d'eau, se prolongent parfois des jours et des jours. Étienne aime ce rythme syncopé de l'imprévu, ces moments où ses recherches sont interrompues et où il herborise, respire avec la forêt, prélève des échantillons d'eau, de boue, de que sais-je encore. Étienne est heureux ici. Je ne saurais le lui reprocher, mais son bonheur ne suffit pas au mien.

La jeune femme aime écrire. Collégienne, elle s'ennuyait aux cours de sciences naturelles où il fallait identifier des oiseaux empaillés ou lorsque le prof d'histoire détaillait les « invasions barbares ». Elle faisait circuler un carnet sur lequel ses camarades lui proposaient un titre : *Les malheurs de Pauline, Noyade dans le Rhône, Rapt au Tanganyika...* Face aux oiseaux poussiéreux ou aux hordes sanguinaires, elle rédigeait dans son carnet des histoires tristes ou dramatiques. À Manaus, comme autrefois en classe, elle s'est prise au jeu et s'efforce de soigner style et rythme dans son journal.

Tous les jours, elle quitte sa maison protégée du Village Blanc, un lotissement dont le nom français souligne l'élégance, et se rend au centre de la ville, rue Costa Azevedo. Tous les jours, à l'Alliance française, elle tente d'inculquer l'accord du participe passé à des élèves qui ignorent tout de la grammaire dans leur propre langue. Tous les jours, elle s'efforce de donner du travail à Eunice. Eunice qui, dévouée et ravie de servir une patronne aussi gentille, la voit de plus en plus triste et abattue et se demande sans doute qui a bien pu lui jeter un sort. Sinon, comment expliquer qu'une jeune femme belle, riche, mariée à un homme blanc et possédant tout, puisse ne pas être heureuse ?

L'Alliance française occupe, rue Costa Azevedo, les deux étages d'une maison coloniale datant de l'époque de la fièvre du caoutchouc. La petite rue est située tout près de la très bruyante avenue Getúlio Vargas où des boutiques vendent, en vrac, cassettes audio et vidéo, sodas, *comic books*, vêtements, glaces industrielles et chaussures en plastique. Devant chacune d'elles, posées à même le trottoir, de gigantesques enceintes diffusent les tubes du moment dans une joyeuse et tonitruante cacophonie. Des stands de nourriture encombrent l'espace encore à disposition : on y grille des morceaux de poulet, du poisson, ou on y cuit du tacacá[1]. Des vendeurs ambulants proposent chewing-gums et cigarettes en hurlant. Quelques mendiants, estropiés ou lépreux,

---

1. Voir glossaire en fin d'ouvrage pour tous les mots portugais, espagnols ou d'origine indigène.

ce qui revient souvent au même, exhibent un pied en voie de décomposition ou le moignon d'une jambe amputée à mi-cuisse. Pauline, bousculée par les nombreux passants, trace son chemin comme elle peut dans cette pétaudière.

Dans les années 80, Manaus grouille d'une vie bruyante et anarchique. Non loin de l'Alliance française, le port est un mélange d'habitations précaires, de commerces et de marchés, tous bâtis sur des pilotis en partie pourris. Des bateaux, qui transportent passagers et marchandises selon des horaires aléatoires, abordent à des estacades en bois plus ou moins stables. La ville présente encore une certaine parenté avec la forêt qui l'enserre : vitalité exubérante, développement chaotique, désordre et tohu-bohu.

Pour des raisons d'hygiène et de sécurité, le port sera détruit à la fin des années 90. Le béton remplacera le bois rongé par l'humidité. Quant à la belle maison Art Nouveau de l'Alliance, elle abrite aujourd'hui un fast food, McDonald's ou KFC. Dans le quartier, l'odeur des frites a remplacé les effluves de poulet, de poisson et de tacacá.

En 1982, rue Costa Azevedo, grâce aux doubles-fenêtres et à la climatisation, les cours de français se déroulent au calme et à l'abri de la chaleur. Non pas que les élèves de l'Alliance soient particulièrement dérangés par le bruit ambiant : leur maigre intérêt pour l'apprentissage du français s'en accommoderait sans problème. On vient ici pour se désennuyer, se bécoter, faire des rencontres. Les femmes mariées sortent sans que leur mari ne s'inquiète et les jeunes amoureux échappent au contrôle parental. Quelques rares ambitieux convoitent un diplôme en général hors de leur portée. Il est de bon ton, dans la bourgeoisie locale, de prétendre à une certaine culture, européenne, il va sans dire, française de préférence, comme si les barons du caoutchouc et leur fascination pour l'Europe étaient toujours là.

Tout ce petit monde manque singulièrement d'énergie. On s'assoupit lorsque Pauline explique l'accord des adjectifs de couleur, on se réveille pour se comparer à la famille française modèle présentée sur une diapositive : papa lit le journal au salon, maman cuisine ou coud, la fille dresse la table et le fils rentre à la maison raquette de tennis sous le bras. On est rassuré : en France, c'est même un peu plus primitif qu'ici. Au Brésil, ce sont les bonnes qui cuisinent, cousent ou mettent la table, tandis que maman se lime les ongles ou fait quelques brasses dans la piscine. On récite la liste exhaustive des sports pratiqués en Europe, un œil semi-ouvert sur son livre, et on ferme définitivement œil et livre quand on passe à l'accord du participe passé conjugué avec l'auxiliaire « avoir ».

Pauline s'est résignée. Ses élèves sont indolents et peu motivés. Leur esprit est sans doute ramolli par le climat équatorial, et l'air conditionné ne suffit pas à les réveiller. Ils s'ennuient, c'est certain, mais viennent pourtant régulièrement. Malgré son expérience d'enseignante, elle peine à trouver l'astuce, la trouvaille, le truc qui les stimuleraient. Ils ne s'intéressent au fond à rien. En tout cas à aucun des sujets que Pauline leur propose. Au lieu de raconter l'histoire du Théâtre Amazonas et de retracer la vie de Caruso ou de Sarah Bernhardt, dont la légende veut qu'ils s'y soient produits, elle ferait mieux d'évoquer la dernière mode à Paris et les discothèques à ne pas rater. Accablée par leur paresse intellectuelle, peu stimulée dans ses élans pédagogiques, Pauline s'est finalement résolue à suivre passivement la méthode d'enseignement fournie par l'Alliance : diapositives décolorées par la chaleur et l'humidité, enregistrements de voix à l'accent standard, livres d'exercices assommants.

La Fondation a pour but de promouvoir la culture française auprès d'une bourgeoisie aisée et fière de ses origines européennes. Et qui sait, se demande la jeune femme, par ce biais la France a peut-être aussi accès à quelques contrats avantageux: l'Amazonie regorge de trésors peu exploités... Pour aborder une culture, on peut passer par la langue, Pauline ne discute pas ce postulat. Mais pourquoi apprendre par cœur la liste des verbes essentiellement et accidentellement pronominaux, comme dans la bonne tradition de l'école française? Est-il vraiment nécessaire d'importer de telles aberrations? Pauline avait désiré apporter quelques modifications au programme et aux méthodes, mais le directeur s'était récrié. Vous n'y pensez pas, ils viennent pour la tradition et ne supportent aucun changement!

Très bien. Pauline avait dès lors appliqué la pédagogie traditionnelle pratiquée avant 68: silence en classe, devoirs à domicile, réprimandes en cas d'oubli de matériel ou d'exercices non faits. Mais, ma chère, vous êtes folle! Je ne doute pas de vos compétences, mais ici on est au Brésil, il faut correspondre à l'esprit des lieux, lenteur et tradition, on n'est pas en Suisse, école laïque, démocratique, et égalité des chances. Si vous continuez comme ça, je vais perdre mes clients et devoir me séparer de vous.

Très bien. Pauline ne sort plus de la méthode imposée, tolère les baisers passionnés au fond de la salle et accepte maintenant sans état d'âme que ses élèves n'apprennent rien. Le gouvernement français soutient financièrement l'institution et demande aux profs d'adhérer aux normes de la culture française à usage tropical? Qu'à cela ne tienne, rien n'est plus simple! Mais on ne se refait pas, et malgré sa bonne volonté, le 31 mars 1979, Pauline s'était rebellée contre la devise du directeur: «tradition et esprit des lieux». Ce jour-là, ses élèves lui avaient demandé de suspendre son cours, et de commémorer avec eux les quinze ans de la Révolution. Ah bon, mais vous parlez de quelle révolution? En ces temps de dictature, une discussion politique était inenvisageable, même à l'Alliance, y compris pour Pauline pourtant protégée par son passeport suisse.

Allergique à tout gouvernement non élu, elle avait osé un semblant de protestation. Les élèves, quelque peu surpris, voire choqués, s'étaient abstenus de tout commentaire et la leçon avait été donnée.

Pauline vit à Manaus depuis quatre ans avec son mari, engagé avec plusieurs autres scientifiques français par l'INPA, l'Institut national de recherche pour l'Amazonie. Docteur en biologie aquatique de l'Université de Lyon, Étienne Delville avait été invité à coordonner une recherche sur les conditions de conservation des lamantins d'Amazonie. Ces mammifères en voie d'extinction, communément nommés peixe-boi, autrement dit poisson-bœuf, le fascinaient par leur proximité avec les humains : gestation de treize mois, communication sonore entre la mère et le petit, allaitement prolongé et vulnérabilité. Passionné par ses recherches, enthousiasmé par la richesse du milieu amazonien et son énorme potentiel de découvertes, Étienne passe de très longues journées à l'Institut, quand il ne disparaît pas plusieurs jours, voire plusieurs semaines, remontant l'Amazone ou ses affluents chaque fois que la présence de lamantins lui est signalée.

La jeune femme s'était enthousiasmée à l'idée de se retrouver au cœur de l'Amazonie. Enfant, elle avait dévoré des romans d'aventures où les protagonistes remontent des fleuves paresseux ou se laissent entraîner, sur des pirogues rudimentaires, par le courant de rivières déchaînées, dorment dans une cabane au milieu de la jungle, chassent avec des « Indiens » et partagent la vie de peuplades encore « sauvages ». Elle avait rêvé qu'un jour elle quitterait le cocon familial, où elle étouffait de trop de sécurité et s'ennuyait dans la monotonie du quotidien, et qu'elle mènerait une vie trépidante et pleine d'imprévus. Née dans un milieu petit-bourgeois à l'horizon borné par le travail, l'Église et le qu'en-dira-t-on, très tôt, vers ses 4 ans, elle s'échappe chez des voisins conquis par cette petite fille indocile, suit dans la rue des inconnus qu'elle trouve ouverts et sympathiques, part admirer seule cygnes et canards au bord du lac. Son côté rebelle lui vaut d'être souvent punie. À chaque incartade, elle doit rester une après-midi au lit, volets fermés, sans rien faire. Plus tard, quand elle comprend que ses parents ne peuvent pas tout voir, elle cache des livres sous son oreiller et passe les longues et maintenant délicieuses heures de punition à lire les hauts faits de Bob Morane ou d'Alice Roy qui, indépendants et sans peur, se lancent dans des expéditions périlleuses ou cherchent à arrêter des bandits sans foi ni loi... Ses parents ne comprennent pas comment ils ont pu mettre au monde une enfant si différente d'eux. À 27 ans, grâce à son mari, elle va enfin réaliser son désir d'un ailleurs inconnu et prometteur ! Sur place, quelques petits voyages organisés lui font vite perdre ses illusions.

Une embarcation mène un groupe de touristes à la rencontre des eaux entre l'Amazone et le rio Negro. Puis on visite une plantation de cacao. Et le soir, le guide harponne de petits caïmans qu'il rejette à l'eau, après la séance de photos, inertes et sanguinolents. On la conduit aussi dans un authentique village indigène. Là, les habitants ont préalablement caché casseroles en métal et baquets en plastique, laissé montres et lunettes dans un coin et revêtu jupettes et pagnes sortis tout droit d'un film de Tarzan. De jeunes hommes, dans un anglais assez correct, commentent des danses typiques. Non, ce n'est pas ainsi qu'elle avait imaginé l'Amazonie.

Les expéditions d'Étienne, à l'intérieur des terres, sont sans doute infiniment plus intéressantes, mais le chercheur ne mélange pas travail et vie privée, ce serait manquer de sérieux que d'emmener sa femme. Aussi Pauline s'est-elle rabattue sur les ressources offertes par la capitale de l'État d'Amazonas. Or elle s'est vite ennuyée à Manaus.

L'offre culturelle y est limitée. Le Théâtre Amazonas, qui aurait bien profité d'un petit coup de peinture – il sera restauré complètement en 1988 et en 1990 – est ouvert à tous vents. La journée, des enfants se poursuivent entre les sièges au velours élimé ou se plantent, curieux, devant quelques visiteurs étrangers transpirants et épuisés. En ces temps de répression politique, et même si la dictature est devenue moins sévère, toute activité culturelle est suspecte. Aucune troupe de théâtre n'aurait osé monter une pièce de Márcio Souza, auteur local trop engagé dans les bidonvilles de la périphérie. Le plancher de la scène du merveilleux Théâtre s'effondre peu à peu, piétiné parfois le dimanche après-midi par des écoliers qui présentent aux parents émus quelques chansons populaires ou une danse prétendument indienne, pagnes en raphia et coiffes de plumes mitées. Le soir, le Théâtre Amazonas est fermé. Autre lieu de culture, le cinéma Chaplin, aux sièges aussi râpés que ceux du Théâtre, projette principalement des films de guerre ou de kung-fu.

Reste le Club de sport Rio Branco. Surtout fréquenté par les expatriés et la bourgeoisie locale, c'est un lieu exclusif, snob et cher. Un bar, fixé au milieu de l'une des piscines, offre des occasions de rencontres. Là s'exhibent des maillots de bain d'autant plus coûteux qu'ils sont minimalistes et un bronzage crème caramel au lait, il faut à tout prix éviter d'être brun comme la population du cru. Courts de tennis, piscine olympique, salles de fitness, bar intérieur, salles de repos, un jardin fleuri, des employés discrets, c'est un paradis pour sportifs et oisifs argentés. Pauline y retrouve les épouses des collègues de son mari, désœuvrées et apathiques. Le petit clan s'installe sur des transatlantiques et converse inlassablement des mêmes sujets : les bonnes sont d'une mollesse inadmissible, le jardinier laisse traîner ses outils au bord de la piscine, le chauffeur ne sait pas conduire, on ne peut pas régler correctement l'air conditionné et la cuisinière a fait cuire à l'eau un filet de bœuf. Il faut sans cesse tout expliquer, mieux vaudrait faire les choses soi-même, ce serait moins fatigant.

Pauline intervient rarement dans les conversations. Que dire en effet à ces femmes gâtées et superficielles ? Que le personnel qu'elles dénigrent sans cesse est à leur disposition nuit et jour pour un salaire de misère ? Que chez elles, en Angleterre ou en France, où la main-d'œuvre est mieux payée, elles ne peuvent s'offrir qu'une femme de ménage et pour à peine quelques heures par semaine ? L'auraient-elles oublié ? Pauline reste muette ou hasarde une proposition : un tour en bateau sur le fleuve, une baignade dans l'un des igarapés frais et transparents, nombreux dans les environs de Manaus. Pourquoi donc nous risquer sur l'Amazone ? À part la rencontre des eaux, il n'y a rien à y voir et il fait trop chaud. Et les igarapés ? Ils sont envahis par des familles bruyantes et sales, on est bien mieux ici entre nous à profiter d'une piscine sans germes. Les amies potentielles de Pauline boivent un jus d'ananas bien frais, bronzent et se plaignent.

La jeune femme fréquente de plus en plus rarement le Club. Pas de piscine dans sa maison, mais un patio joliment arborisé. Le jardinier ne laisse pas traîner ses outils et l'unique employée de maison s'occupe de tout avec efficacité et gentillesse. La villa, mise à disposition du couple par l'INPA avec le jardinier et la petite bonne, fait partie d'un groupe d'une dizaine d'habitations individuelles d'un seul étage, toutes chaulées d'un blanc éclatant. En dehors des patios, aucun arbre, aucune plante ne viennent rompre la pureté aveuglante de l'ensemble. Une aire de béton peinte en blanc entoure chacune des demeures, une palissade, blanchie elle aussi, encercle le lotissement que deux gardes armés surveillent en permanence. Ce petit havre solidement protégé mérite donc bien son nom de « Village Blanc ». Sans oublier les habitants, Occidentaux blancs ou descendants non métissés des premiers colons. Dans ce paradis immaculé et bétonné, bien préservé de l'exubérance indécente de la forêt amazonienne et des visiteurs indésirables, la civilisation a gagné !

Les papayers, manguiers et palmiers de tous types ne reprennent leur vie incontrôlable qu'en dehors de la clôture. Dans le patio de Pauline, bien domestiqués, ils fournissent une ombre agréable pour qui cherche à fuir l'air climatisé de la villa. Eunice, l'employée recrutée et payée par l'INPA, occupe une chambrette jouxtant la cuisine et la buanderie, position stratégique pour une bonne corvéable nuit et jour. Elle a confié ses enfants à sa mère qui habite le quartier pauvre de la Compensa. Pauline ne sait trop quoi faire d'Eunice. Elle n'a pas besoin d'une aide à demeure, mais ne veut pas priver la jeune mère de son emploi. Elle se débat avec des problèmes de conscience qui ne touchent manifestement pas ses «amies» du Club et se déculpabilise en donnant de nombreux congés à Eunice, ainsi que divers cadeaux.

Pauline n'a rien à faire à la maison, aucune amie avec qui partager ses états d'âme, guère d'activités stimulantes et un mari le plus souvent absent. De plus, la chaleur n'engage pas à des occupations de plein air. Parfois, très tôt le matin, elle accompagne Eunice au marché ou dispute un match de tennis au Club, suivi d'un peu de natation. Sinon elle écrit, lit et suit un cours intensif de portugais. Cette langue à la sonorité chuintante et à la musicalité sensuelle lui plaît. Elle aime les langues et apprend vite. Mais à part Eunice, personne ne parle portugais dans son entourage. Les chercheurs, collègues de son mari, et leurs inspirantes épouses communiquent en français ou en anglais. Et les conversations avec la petite bonne se sont vite révélées assez limitées. Eunice est timide et veut rester à sa place. Elle répond volontiers, mais brièvement, aux questions de sa patronne. Jamais elle ne lance un sujet. Pauline se sent inutile et manque d'un projet qui ferait sens.

Et le mari? Parlons-en! Les quelques jours où il est à la maison, il classe des photos, met à jour ce qui semble être un journal de bord, peaufine un rapport ou prépare un exposé. Parfois, il accepte de mauvaise grâce de quitter ses chères occupations et emmène Pauline dîner dans un restaurant chinois. Le couple ne s'attarde pas, Monsieur doit encore revoir ses notes avant le colloque du lendemain. Et les nuits du couple ? Disons qu'elles font écho à l'absence du mari et à son manque d'intérêt pour tout ce qui ne concerne pas sa véritable passion : les lamantins.

Après un an de cette vie sans enjeux, morne et monotone, Pauline s'était décidée à donner des cours à l'Alliance française, idée de meubler un peu ses journées et de secouer un engourdissement qui la paralysait de plus en plus. Le directeur de l'Alliance est ravi d'engager une professionnelle qui a enseigné le français langue étrangère à l'Université de Genève. Quelques épouses de scientifiques français donnent également des leçons à la rue Azevedo, mais n'ont ni les compétences ni l'expérience de Pauline. Le directeur est donc très satisfait de sa nouvelle recrue, d'autant plus qu'il la trouve aussi jolie que distinguée. Elle incarne à merveille l'élégance et la finesse françaises et aucun élève n'imaginerait qu'elle est suisse.

Pourtant, Pauline continue à être rongée par un fort sentiment de solitude et de vide. La torpeur qui l'habite ressemble de plus en plus à une forme de dépression. Lorsque son mari réapparaît, bronzé, léger, heureux, et lui demande ce qu'elle a fait de son temps, elle accuse la chaleur de la rendre amorphe, se plaint de la passivité ambiante et du manque de stimulation intellectuelle. Étienne ne comprend pas. Mais tu as tout : des livres, des amies, un travail, une bonne. Tu fréquentes le club de sport le plus sélect de la ville. En Europe, tu n'avais pas tout ça... Il ne perçoit pas la demande à l'aide à peine cachée derrière les doléances de sa femme. Des livres, du sport, du temps libre, oui, mais pas de projet inspirant, seulement l'attente que quelque chose se passe qui la sortirait de sa déprime. Un enfant ? Comme ça, pour passer le temps et se remplir d'une autre vie ? Non, Pauline ne se rêve pas une telle maternité.

Début juin 1982, juste avant les vacances, l'Alliance organise une fête dans ses salons parquetés et lambrissés, à laquelle sont conviés les élèves, leurs parents, les professeurs et le consul honoraire de France avec son épouse. Il faut s'habiller, parler, sourire ; Pauline n'a nulle envie de participer à ces réjouissances, ni à aucune autre d'ailleurs. Mais sa présence est requise, les parents remercient, les autorités consulaires sont fières de présenter leurs experts ès culture française. Pauline se met en retrait et observe le petit monde de l'Alliance avec un œil de sociologue. C'est ce qu'elle fait toujours pour ne pas s'ennuyer : elle considère avec intérêt ses sujets d'étude et leur invente un métier, une famille, une histoire... La femme grassouillette, compressée dans une robe à grosses fleurs mauves et rouges, collée à la table du buffet, doit être délaissée par son mari. Elle sourit niaisement et dévore coxinhas bien grasses, pão de queijo très tendre et gâteaux de manioc sucrés. Pauline contracte ses abdominaux, veille à ce que son ventre ne tende pas la robe jaune très ajustée qui met son corps et son bronzage en valeur. Elle sourit : le club de sport a tout de même servi à quelque chose !

Après quelques cocktails bien alcoolisés, jus de fruits et cachaça, Pauline se détend. Souriante et chaleureuse, elle remercie les parents élogieux et reconnaissants et embrasse les élèves qui se sont cotisés pour lui offrir un roman de Mário de Andrade évoquant le Brésil du melting-pot. Un orchestre de forró fait son entrée dans le grand salon, on pousse chaises et fauteuils dans les coins, et place à la danse ! Pauline, un peu éméchée, a perdu toute inhibition et invite le directeur de l'Alliance. La danse est simple, deux pas à droite, deux pas à gauche, un deux, un deux, et il suffit d'un léger déhanchement pour faire tout à fait couleur locale. Une robe jaune ondule, Pauline a oublié sa réserve européenne, elle s'amuse, rit, deux pas à gauche, deux pas à droite, libre et insouciante. Ses élèves sont ravis et l'applaudissent, au fond leur prof n'est pas aussi coincée qu'elle en a l'air. La soirée se poursuit. Pauline est invitée par une autorité locale bedonnante et suante, par un des secrétaires du consulat, puis par un fort bel homme ma foi, grand, très blond et très bronzé. Étienne serait-il jaloux s'il la voyait, deux pas à droite, deux pas à gauche, virevolter sous le regard manifestement intéressé de l'inconnu ?

Le beau blond bronzé a le port de tête de qui est sûr de soi. Son regard se plante dans celui de Pauline comme pour la soumettre à sa domination. Il la veut. La jeune femme est fascinée par ce regard où elle lit du désir, mais aussi une autorité qui la rend molle, consentante. Encore quelques pas de samba – où a-t-il appris ce mouvement du buste si érotique ? – encore une ou deux caipirinhas et son danseur l'entraîne hors de la salle de réception. Pas d'au revoir avant le départ en vacances, pas de remerciements. Baisers passionnés dans l'escalier. On pourrait la voir... Pauline se moque du qu'en dira-t-on, oublie sa bonne éducation. Son désir est violent, la situation nouvelle, excitante. Elle accepte de perdre le contrôle. Et se retrouve dans la nuit, conduite par un bras déterminé vers un hôtel dont elle ne voit pas l'aspect décati.

Manaus, 3 juin 1982

« *Il était mince, il était beau
Il sentait bon le sable chaud.* »

2

Manaus, 4 juin 1982

Sven Lindström vient de Stockholm, est rattaché à l'Institut Karolinska et fait une recherche sur la maladie de Chagas. Il est médecin, passionné de botanique et pense trouver dans la région une plante pour soigner cette infection parasitaire.

Pas de chance, encore un chercheur! Après les lamantins, les petites fleurs! Décidément, je suis abonnée aux savants monomaniaques! Mais il est très très sexy... Je ris en pensant à ma mère: comment! ma fille, une aventurière séduite par un légionnaire ténébreux, quelle horreur!

Depuis trop longtemps je n'ai pas été submergée par un désir aussi fort. Il est un amant délicat et inventif. Je me laisse aller et c'est bon bon bon.

Dans son journal, Pauline ne détaille pas trop ses émotions. On finit par devenir superstitieux lorsque l'on vit au contact d'une bonne qui croit aux sorts, aux pouvoirs des chamans et qui fréquente des cérémonies de candomblé. Trop se réjouir pourrait bloquer des élans prometteurs. Et si cet écart dans sa vie bien réglée faisait vaciller son couple? Pour profiter de cette délicieuse rencontre sans crainte ni culpabilisation, mieux vaut ne pas trop réfléchir.

Manaus, 8 juin 1982

Se sentir désirable et belle... Ne plus être un objet usé et délaissé... Retrouver mon énergie, avoir des projets... Vivent les liaisons extraconjugales, qui remplacent avantageusement les antidépresseurs!

Au lieu d'attendre deux semaines ou davantage le retour d'Étienne, je pars moi aussi. Avec Sven. Je suis folle sans doute et totalement imprudente. Je ne sais rien de mon légionnaire, mais j'ai tellement besoin de me sentir vivante! C'est les vacances, pourquoi attendre un mari qui repartira sans doute aussi sec? Je suis libre et veux meubler cette liberté. Mon journal va enfin s'étoffer. Double vie et aventures excitantes... De quoi écrire un roman!

Toute cette semaine, j'ai beaucoup vu Sven, mais je n'arrive pas à saisir qui il est. Je sens en moi, comme en suspension, une certaine réticence à son égard, une sorte de retenue. Il est intarissable lorsqu'il parle de maladies tropicales négligées, de plantes médicinales, de ses projets amazoniens, mais sur lui-même, sur son passé, il est mutique. Difficulté à parler de soi? Pudeur? Cache-t-il quelque chose? Au fond, qu'importe! Je veux m'évader un moment et ne pas écouter cette petite voix qui m'invite à la prudence. Je veux renouer avec mes rêves d'enfant. Passer de l'autre côté du miroir et accompagner Bob Sven Morane dans sa recherche d'une plante magique. Affronter avec lui mygales, grenouilles venimeuses et Indiens sauvages!

De plus, ou plutôt surtout, je ne veux en aucun cas renoncer à nos siestes et nos nuits. C'est mon corps qui commande, je lui obéis. Pour le reste, on verra après.

Sven est sur le point de se rendre dans une zone pas très éloignée de Manaus, où la maladie de Chagas est endémique.

Décontracté, amoureux et insouciant, il a proposé à Pauline de l'accompagner. Ça va te plaire ! Regarde la carte : on passera quelques jours à naviguer ici, sur l'Amazone, puis on arrivera dans un village de caboclos, le petit point, là, sur le rio Urucu. C'est assez près de Coari. Dans ce bled perdu, j'ai entendu dire que, grâce à un champignon, la population soigne avec de bons résultats cette maladie aux complications cardiaques. Le jeune médecin est bien différent d'Étienne qui, lui, n'a jamais voulu sa femme dans ses expéditions. Sa présence gênerait son travail. Elle se plaindrait de l'inconfort, des moustiques, de la chaleur… Ces préoccupations ne semblent pas effleurer Sven.

Pauline n'hésite pas longtemps : l'idée de s'enfoncer dans la jungle pour une expédition d'une dizaine de jours l'enchante. Quelques informations sommaires sur le champignon miracle lui suffisent, elle ne connaît rien ni aux plantes, ni à la médecine. Elle a renoncé à questionner Sven sur sa vie, son passé. Elle est amoureuse, seul compte le présent. Elle quitte avec un inconnu sa zone de sécurité et de confort, ignore quel est son lien avec l'Alliance française, le trouve un peu trop bronzé pour un Européen du nord ? Peu importe, la vie est de retour !

Samedi 12 juin 1982

Sven a loué un petit recreio plutôt confortable : la « Cleia ». Nous y disposons d'une cabine exiguë avec deux lits superposés. Le pont du bateau est assez grand pour qu'on puisse y manger, lire ou travailler. La nuit, le capitaine et son homme à tout faire – qui nettoie, cuisine, lave la vaisselle – y accrochent leurs hamacs. La cuisine est minuscule et sans fenêtre. La chaleur naturelle, ajoutée à celle de la cuisinière à gaz, en font une véritable fournaise. João, diablotin chargé de notre confort, short et torse nu, en sueur, y travaille gaiement et nous propose des repas très acceptables : poisson frais, riz ou manioc, feijão, fruits.

Aujourd'hui, dans un canal, des plantes aquatiques ont bloqué le moteur du bateau. Leurs feuilles, étalées sur l'eau, cachent d'interminables tiges ou racines qui, telles des lianes parasites, se sont enroulées autour de l'hélice. Le capitaine est à la manœuvre, João plonge pour délivrer l'hélice. Il arrache quelques tiges, replonge. En vain. L'hélice reste prisonnière. Sven se jette à son tour dans l'eau vaseuse et sombre. Manifestement, mon légionnaire est aussi à l'aise dans l'eau de l'Amazone que dans les salons cossus de l'Alliance. Et quelle eau ! trouble, brunâtre, à quelles bestioles sert-elle de refuge ? Impassible, Sven, une fois l'embarcation libérée, sèche tranquillement un corps qui ne sent plus trop le sable chaud !

Le bateau remonte l'Amazone, ou plutôt le Solimões, comme s'appelle le fleuve en amont de Manaus. Il passe d'une rive à l'autre, selon les courants qui facilitent ou entravent la navigation, suit les chenaux qui sinuent entre les îles formées par les sautes d'humeur de l'immense cours d'eau. Il faut éviter de s'enliser dans les bancs de sable que seul un pilote expérimenté distingue à une ride du fleuve ou à un courant au dessin particulier. Sans parler des troncs d'arbre parfois énormes qui descendent paresseusement le fleuve et pourraient éventrer le recreio. Assis à la proue, une main sur la magnifique barre à roue en bois d'acacia, Zé Luiz, capitaine et propriétaire de la *Cleia*, scrute le fleuve avec une attention sans faille. Sven passe des heures à ses côtés. Au grand étonnement de Pauline, son portugais est excellent et sa connaissance du milieu ne semble pas dater d'hier. Elle qui pensait qu'il débarquait de son Institut et ne parlait qu'anglais ! Ce voyage vers le rio Urucu rappelle au Suédois d'autres aventures fluviales et les deux hommes partagent récits et anecdotes.

Quelques années auparavant, Sven avait remonté le Solimões, de Manaus à Tabatinga, dans un recreio commercial qui transportait une centaine de personnes, trois ou quatre voitures, des caisses de bière et de boissons gazeuses, des sacs de farine, des barres de métal... Le bateau, comme toujours, est surchargé, la ligne de flottaison largement dépassée. La plupart des passagers dorment à même le sol du pont inférieur ou dans des hamacs accrochés sur le pont supérieur. Les plus riches disposent de cabines sans fenêtres, étouffantes, et dont les lits sentent fortement le moisi. Sven, mal organisé, ou en quête de sensations fortes, a étalé une couverture entre deux caisses de bière sur le pont inférieur de la troisième classe. Atteint d'amibiase, il fréquente assidûment les toilettes, qui servent également de chambre à coucher à une énorme tortue aux pieds jaunes.

Au milieu de la nuit, un choc violent ébranle le bateau. Réveillés en sursaut par la secousse brutale et le fracas de marchandises projetées sur le sol, les passagers du pont inférieur se lèvent précipitamment, et courent dans tous les sens pour éviter les caisses lourdement chargées qui volent un peu partout. L'un des poteaux qui soutiennent le pont supérieur a été arraché ; une voiture, mal arrimée, a passé par-dessus bord, la lisse du pont inférieur ayant cédé sous son poids ; une caisse de bière s'est écrasée sur la couverture de Sven ; les toilettes ont disparu, comme soufflées par une explosion, ainsi que la tortue, seul être, si elle a survécu, à se réjouir de l'éventrement du recreio. Sven avait évité le pire s'étant relevé d'un bond, juste avant que la caisse de bière n'atterrisse sur sa couverture et, par chance, ne se trouvait pas aux toilettes au moment de l'accident. Quelques passagers, légèrement blessés, gémissent dans un coin. La plupart, résignés et apathiques, attendent la suite. Le pilote, à son poste depuis bien trop d'heures, ou imbibé de cachaça, s'était endormi et le bâtiment s'était rapproché dangereusement d'une rive bordée d'arbres gigantesques, dans lesquels il avait fini par s'encastrer. Il ne restait plus qu'à attendre un autre recreio pour transborder passagers et marchandises. Sven rigole : ils ont eu de la chance, ils n'ont dû patienter que trois jours.

Ébahie, Pauline écoute. Son amant suédois, médecin et chercheur, blond, beau et lisse, tient décidément davantage du légionnaire de la chanson que du gentleman élégant et charmeur rencontré au bal de l'Alliance française ! Aurait-il menti ? Par omission peut-être : il n'a pas daté son arrivée de Stockholm et n'a pas dit qu'il connaissait la région... Peu importe d'ailleurs. Que risque-t-elle ? Rien. Les deux Brésiliens, le patron du bateau et son employé, ne semblent pas avoir rencontré le jeune homme avant la location de l'embarcation, un coup monté est improbable. Et d'ailleurs, elle n'est pas une riche héritière qu'on enlèverait pour une rançon. Tranquillisée par ces raisonnements imparables, elle adopte, comme elle aime le faire, la posture de la sociologue, écoute et observe. Sven et Zé Luiz poursuivent le récit de leurs aventures fluviales, Sven prend la barre lorsque le capitaine rejoint João dans la cuisine et ne craint pas d'avaler une rasade de cachaça quand la bouteille circule. Il est dans son élément.

Dimanche 13 juin 1982

Sven est un véritable protée : un soir, il danse avec aisance sur le parquet marqueté de l'Alliance et le jour suivant, il vide avec tout autant d'assurance un poisson fraîchement pêché. Ses nombreux talents me subjuguent et me troublent en même temps. Qui est-il vraiment ? Maman m'avait bien mise en garde contre les inconnus, surtout les hommes... J'ai fait les choses à l'inverse de ce que les mères enseignent à leurs filles : j'ai d'abord connu Sven au lit et maintenant je le découvre au quotidien, si l'on peut appeler ainsi notre vie sur ce bateau.

De tout son être émane une virilité tranquille, pas ostentatoire, décontractée, qu'il soit à la barre ou dans l'eau. Je passerais des heures à le regarder pêcher le soir, lorsque le bateau est à l'arrêt, saisir les poissons, les assommer d'un coup sec de sa machette, puis en prélever les filets. Son corps et son activité sont en totale symbiose. Une telle harmonie me fait complètement chavirer... Il est tout entier dans ce qu'il fait et m'échappe totalement. Cette absence à l'autre provoque en moi un désir qui me submerge. Si nous étions fusionnels, éprouverais-je encore un tel désir ?

Et puis, il n'a peur de rien et nage comme un dieu. Ce matin, il a plongé avec João dans le fleuve pour tenter de récupérer la pirogue arrimée à la poupe du bateau et qui s'était détachée. Elle avait redescendu le fleuve sur plusieurs centaines de mètres et fini par s'échouer dans l'épaisse végétation de la berge d'où ils ont réussi à l'extraire. Et je ne parle pas de nos nuits dans la cabine étroite et surchauffée...

Les rives défilent, uniformes et pourtant extrêmement diversifiées. Des arbres, des arbres et des arbres se suivent, mais jamais deux de la même espèce ne se côtoient. Chacun a une hauteur, une teinte, un aspect différents. Ils forment comme un épais rideau qui cache peut-être une clairière ou un village, ou qui, tel un trompe-l'œil, exprime l'infinitude d'un monde uniquement végétal. L'œil fouille pourtant entre les troncs, à la recherche d'un recoin dégagé où le soleil pénétrerait. Mais cette végétation exubérante et chaotique ne livre rien, protégeant jalousement ses profondeurs. Parfois, des plages de sable blanc succèdent à des terres hautes dont la pente ravinée révèle un humus noirâtre ou un enchevêtrement de racines contournées.

De temps à autre, le cortège végétal laisse place à un petit bout de terrain, conquis par le feu et la machette sur la vitalité de la forêt. On y a planté quelques papayers, du manioc, un ou deux bananiers. Une baraque en bois, dressée sur pilotis, arbore un toit de palmes jaunies. Une partie ouverte fait office de terrasse où des femmes s'activent et des enfants jouent. Comme dans toute l'Amazonie, on y dort ou s'y repose dans des hamacs. En cas de fortes intempéries, un deuxième espace, fermé sur trois côtés, abritera toute la famille. De simples ouvertures dans la paroi de bois de cette espèce de chambrette font office de fenêtres et un volet rudimentaire empêche la pluie d'entrer. Souvent plusieurs familles vivent dans ces habitations sommaires. Les mères portent leurs petits attachés contre elles dans de larges tissus colorés et agitent des chiffons pour faire fuir les redoutables piums, petits moustiques diurnes très voraces.

Les distractions sont rares et, pour les habitants de ces maisons isolées, le passage d'un bateau est une aubaine. C'est l'occasion de vendre quelques fruits, un tabac très fort tressé en longues cordes que l'on laisse macérer dans l'eau du fleuve, du manioc ou, parfois, un ocelot ou un singe barrigudo de contrebande. On s'enquiert des nouvelles du dehors, on demande si le fils de Maria Teixeira qui habite deux jours plus bas va mieux, ou si la petite Teresa s'est finalement mise en ménage avec le fils du regatão, ce marchand fluvial grossier et sans scrupule qui vend de la mercerie à des prix prohibitifs. Après un arrêt de quelques heures dans une maison de caboclos, on sait tout sur les habitants d'un vaste espace que l'on croyait vide. C'est ainsi que fonctionne le téléphone amazonien ou plutôt la gazette du Solimões.

Après quatre jours de navigation, Coari est en vue. On ne peut se rendre dans cette bourgade que par voie fluviale. Coari, comme toutes les petites villes sur l'Amazone, regarde le fleuve et ses îles, et tourne le dos à la forêt dont lui viennent pourtant toutes les ressources qui assurent son existence : bois précieux – palissandre ou bois de rose –, bois plus courants – balsa, acajou, arbres à caoutchouc. Pêche, chasse et braconnage fournissent un revenu supplémentaire.

Le port est le centre névralgique de toutes les petites agglomérations amazoniennes et les habitants y accourent dès qu'un bateau est signalé. Ils commenteront longuement et longtemps les événements liés aux différents accostages. Lorsque le niveau de l'eau est élevé, les bateaux commerciaux, les recreios, mouillent à quelques mètres de la terre ferme. Une longue planche branlante et souvent humide relie alors le pont inférieur à la berge ; les passagers oscillent et parfois glissent, certains tombent à l'eau. Si aucun incident de ce genre ne réjouit les spectateurs, ceux-ci se rattrapent en vendant, selon la saison, papayes, fruits de cajou ou cupuaçu aux passagers qui poursuivent leur voyage. Si l'eau est basse, le recreio reste ancré à une encablure de la ville. Les voyageurs qui souhaitent se dégourdir les jambes au port et ceux qui sont arrivés à destination embarquent sur le canot à moteur attaché en permanence à la poupe. Quelques passagers, plus aventureux, se hasardent sur les pirogues branlantes des vendeurs d'açai ou d'ananas, qui ont collé leurs frêles embarcations contre le flanc du bateau pour y écouler leurs fruits. Les visiteurs ne s'aventurent que rarement dans les rues boueuses des différentes bourgades, ils n'en ont guère le temps : le bateau s'arrête juste pour décharger quelques marchandises et les locaux arrivés à destination.

Pauline et Sven désirent fouler la terre ferme et embarquent dans la pirogue de la *Cleia*. Sven s'empare de la rame et Pauline, une fois de plus, est émerveillée par cet accord primitif, animal, entre l'homme et ses gestes. Elle n'admire pas que les muscles ou la force de son amant, mais le naturel absolu qui émane de ses mouvements, comme s'il était né une rame à la main. À Coari, Pauline veut goûter tous les fruits qu'elle ne connaît pas encore et remplit un sac d'açai, de jambo et d'inga.

Le but de leur voyage est maintenant tout proche. Sven décide de poursuivre jusqu'au rio Urucu pour y dormir près du hameau de caboclos qui est si petit qu'il n'a pas de nom, du moins sur les cartes fluviales.

L'accueil dans le village est fait de curiosité, de réserve et de méfiance. Les enfants, pieds nus, cheveux emmêlés, t-shirts troués et décolorés, regardent fixement le couple de Blancs qui pataugent dans la gadoue, chaussés de chinelas. Le nu-pied reste collé à la boue, s'en extrait brusquement et arrose le couple d'une terre rouge et gluante. Les enfants pouffent. Une fillette mordille le bas de sa robe, laissant apercevoir des jambes grêles et criblées de cicatrices de piqûres d'insectes. Un petit garçon frotte un œil enflammé et gonflé. Sven s'arrête à sa hauteur et l'examine avec attention. Les femmes observent les deux visiteurs de biais, feignant de poursuivre leurs tâches quotidiennes : les unes épluchent du manioc, les autres brossent des vêtements dans des bassines savonneuses.

Seuls quelques hommes sont présents. Humblement, mais très dignes, ils saluent et attendent que les inconnus engagent la conversation. Sven leur rend leur salut et parle du soleil implacable et des difficultés à naviguer sur le fleuve. L'un des hommes propose un verre de cachaça ou un jus de cajou. Très poliment, Sven accepte et s'assied sur un hamac. Le hameau compte quatre maisons et abrite une quantité de femmes et d'enfants. La plupart des hommes sont sans doute en forêt pour chasser, récolter du latex ou abattre des arbres.

En Amazonie, on n'aborde jamais une demande de front. On palabre longtemps, il faut bien profiter de la distraction fournie par les rares visiteurs. Tout y passe, la cherté des produits de première nécessité comme le riz ou le feijão, le peu d'argent reçu à Coari pour le bois ou les balles de caoutchouc, le poisson qui se fait rare, la grippe qui fait tousser les enfants pendant des mois... Sven et Pauline écoutent patiemment, hochent la tête, posent une question ou s'exclament. La grippe permet enfin à Sven d'aborder la raison de sa venue à... Nova Vida, indique l'un des hommes, parce qu'on croyait, avec l'aide de Dieu, qu'ici les choses iraient mieux... Sven parle d'une maladie rare, caractérisée par un œdème à l'œil, des problèmes digestifs et cardiaques que les habitants du village sauraient soigner. Il est médecin et aimerait apprendre.

Le regard des caboclos se fait méfiant: on leur a déjà volé leurs arbres à caoutchouc pour les planter à l'autre bout du monde, le Blanc est pire que les urubus, et d'ailleurs, non, ils ne connaissent pas de plante qui soignerait cette maladie. Sven leur signale que d'autres personnes, dans des pays lointains, souffrent aussi de la maladie de Chagas. Développer un médicament à partir de leurs connaissances sauverait des quantités de vies. Et pour le village, il y aurait gros à gagner en cas de commercialisation du produit. Les hommes, de plus en plus soupçonneux, sont devenus muets.

Sven parle du garçon atteint d'une conjonctivite. Le traite-t-on, et comment? Un laboratoire transformerait le produit naturel, le rendrait plus efficace. Ce serait bien, non? L'un des hommes finit par baragouiner quelque chose au sujet d'un champignon rare, le champignon de Dieu, parle de cuisson, d'ingestion, de compresse. Mais non, il n'y en a pas ici, d'ailleurs il ne saurait pas le trouver dans la jungle, et puis c'est un secret, et...

C'est le moment que choisit Sven pour offrir à l'homme, qui paraît être le chef de Nova Vida, les présents apportés pour les villageois: fil, aiguilles et ciseaux, cartouches et couteaux, cahiers et crayons de couleur.

Mercredi 16 juin 1982

J'ai assisté, muette et un rien mal à l'aise, à la discussion entre Sven et l'homme qui doit être le chef du village. Sven s'est montré sans tact, insistant lourdement pour obtenir des informations sur son champignon. Il sait pourtant qu'on ne traite pas ici une affaire en deux temps trois mouvements, qu'il y faut de la confiance. Il s'est comporté comme un homme d'affaires convoitant un nouveau marché. Des cadeaux ont été donnés pour acheter les villageois. Je veux bien croire qu'il ne cherche pas que son profit. Pourtant plus rien, dans son attitude, ne collait avec l'image du médecin empathique, compatissant, ni avec celle du scientifique désintéressé ou en quête de certitudes. Bon, ce sont là des clichés: humanisme et bonté de l'homme de science... Tout de même, ce ton soudainement autoritaire, pressant, presque coupant...

Le chef a hésité à accepter les cadeaux, mais ce n'est pas tous les jours que des bienfaits pleuvent sur le village. Que diraient les autres s'il refusait? Il a fini par poser les objets dans un coin de la cabane. Pour sauver sa dignité, il s'est abstenu de remercier et a fait comprendre que l'échange s'arrêtait là. Sven a réagi de manière étrange: votre champignon s'appelle Agaricus blazei. Il est cultivé en Chine. Et on peut le trouver plus haut sur l'Amazone. Si vous ne voulez pas collaborer, c'est votre problème, je peux m'adresser ailleurs. Alors qu'est-ce qu'il est venu faire ici? Voulait-il se fournir tout de suite, acheter à bon compte une plante disponible pas loin des grands centres comme Manaus, contourner un marché déjà en place plus haut sur le fleuve? Gentleman, légionnaire, trafiquant... Qui est-il?

Jeudi 17 juin 1982

«Nova Vida», oui, une vie nouvelle, différente, exotique, mais au fond très familière. Je m'y suis sentie à la fois un peu décalée, mais aussi parfaitement à l'aise. Malgré la différence de nos vêtements, couleurs de peau, statuts, les femmes, après un court moment d'observation, m'ont accueillie chaleureusement. Elles m'ont montré leurs petites plantations de manioc et d'ananas. Les enfants étaient curieux, intimidés. Leur regard m'est resté: pur, innocent, doux. La vie dans ce village, très modeste, semble si harmonieuse!

Je rêve sans doute, je ne suis restée là que quelques heures... Pourtant je sais que mon intuition repose sur quelque chose de profond. J'aimerais bien creuser un peu, passer avec eux plus de temps. Sous quel prétexte ? Je n'ai rien à leur offrir. Et puis il y a les piums le jour, les moustiques la nuit et les deux ensemble à l'aurore et au crépuscule. Je suis criblée de boutons, ai gratté les petites pastilles noires laissées par les piqûres de pium et mes bras et mes jambes ont enflé. L'enfer vert... Expression idiote! La jungle est un paradis vert, transformé en enfer par les insectes qui y pullulent.

Lors du voyage de retour, Sven se montre joyeux et détendu. Il n'est plus l'acheteur avide et impatient de Nova Vida. Il plaisante avec Zé Luiz, joue avec João à qui repêchera le premier une casserole ou une serviette lancée par-dessus bord. Il est tendre et amoureux, Pauline se laisse aller sous ses caresses et admire sans arrière-pensée les somptueux couchers de soleil sur le fleuve où l'orange vire au fuchsia, puis au rose. Elle pense aux émotions fortes et décousues suscitées par son bref séjour dans le village. Elle s'imagine partager pour un temps la vie de ses habitants, laver son linge et la vaisselle dans la rivière, éplucher et râper du manioc, jouer avec les enfants. Le rêve d'un ailleurs l'habite depuis l'enfance. Un ailleurs où la vie ne serait pas réduite à des gestes qui, à force de répétition, perdent tout sens. Un ailleurs fait de solidarité, de complicité, de gaieté. Et si elle réalisait son rêve ici ? Une intuition, comme un appel, agit en elle ainsi qu'une révélation. Le monde parfait, annoncé par les millénaristes du cru, existerait-il en ébauche dans la forêt amazonienne, chez des caboclos isolés ?

Vendredi 18 juin 1982

Je nage en plein mysticisme... En Amazonie, les mouvements messianiques côtoient les théologiens de la libération,

José da Cruz rejoint Leonardo Boff. Nombreux sont ceux qui croient en l'instauration d'un paradis sur terre. Millénaristes, curés marxistes un peu allumés, évangélistes, rousseauistes, serais-je atteinte par la mystique ambiante ? Voilà qui ne me ressemble pas ! Une demi-journée dans ce village et je me fais tout un cinéma à propos de gens simples et bons qui mèneraient une vie idéale dans la forêt vierge. Sottise ! Reviens sur terre, ma fille, et cesse de fréquenter des légionnaires peu nets qui, pour te séduire, t'emmènent rêver dans la jungle !

Je perçois une certaine parenté entre les habitants de Nova Vida et Sven : une même harmonie des corps dans l'action, le travail. Une émotion très forte me submerge devant cet accord parfait entre le faire et l'être. Aucune réflexion inutile, pas de mots ampoulés, ils agissent au plus près de ce qu'ils sont. Sven possède ce don, mais il est par ailleurs calculateur. Voire cynique. Après un voyage de presque dix jours, il est reparti de Nova Vida les mains vides : ni plante, ni analyse, ni diagnostic, ni consultation. Étrange...

3

À Manaus, la vie de Pauline a repris son cours : sport le matin très tôt, marché avec Eunice, lecture et écriture aux heures chaudes bien à l'abri dans la villa climatisée, ou sous le manguier du patio. Avec un changement notable : la diversion offerte par Sven. Ensemble ils fréquentent régulièrement le restaurant chinois de la ville, vont au cinéma, partent se baigner dans les ruisseaux frais et transparents des environs de Manaus, passent souvent la nuit dans la charmante maison où le Suédois réside.

Étienne devrait rentrer sous peu. Pauline n'a pas l'intention de lui raconter son escapade. Elle expliquera les nombreuses marques de piqûres sur sa peau par une baignade dans les environs de Manaus. Pourquoi parler de Sven ? Il ne menace pas leur couple. Depuis leur retour de Nova Vida, elle se demande si elle est encore amoureuse de lui ou si elle ne l'a jamais été. Il l'attire sexuellement, lui a changé les idées, l'a sortie de sa torpeur, mais il ne s'agit pas d'amour, elle n'aura pas à faire de choix douloureux. Aussi, pas question de renoncer au dérivatif que Sven lui procure, elle prend ce que la vie lui offre.

Manaus, 21 juin 1982

Hier soir, « L'Empire des sens » de Oshima. Le film avait fait scandale à sa sortie en Europe. Il avait été interdit à Genève et j'étais allée le voir avec des amis à Paris. On aurait pu se rendre à Annemasse, mais contourner la censure à Paris, c'était bien plus amusant! Ce film, revu ici avec Sven, a pris pour moi, six ans plus tard, une tout autre signification. En Europe, les féministes s'interrogeaient sur leur sexualité, leur plaisir et leurs désirs. D'accord avec elles, j'avais critiqué dans ce film une forme d'érotisme que je trouvais très masculine. Lovée tout contre Sven dans un siège en velours légèrement défoncé, grenat comme il se doit, et qui sentait le moisi, je comprenais mieux maintenant la frénésie amoureuse des deux protagonistes, leur quête d'un ailleurs par les sens et le lien magnifiquement exprimé entre érotisme et mort. Avais-je changé? mûri? À mon grand amusement, la réaction des spectateurs brésiliens – des hommes essentiellement – ne ressemblait en rien à celle de mes amis européens. Ceux-ci élaboraient toutes sortes de théories sur l'orgasme féminin et leur responsabilité ou non dans la frigidité des femmes. Rien d'intellectualisé dans les réactions des mâles locaux: ils respirent fort, s'exclament, commentent: Porra! Tá quente a mulher! – Putain, elle est chaude celle-là! – Lorsque le patron-amant de la jeune femme lui introduit un œuf dans le vagin, ils n'en peuvent plus et camouflent leur gêne? envie? perplexité? sous un questionnement très terre à terre: l'œuf est-il cuit ou cru? Nous sommes sortis de la salle réjouis et très en verve et leur avons imaginé une sexualité peu créative, où durée et positions étaient réduites à l'essentiel. Façon assez arrogante de nous sentir supérieurs et libérés!

Sven loge dans la maison qu'un ami professeur à l'Université de São Paulo, donc très souvent absent, a mise à sa disposition. Bien que située au centre-ville, cette modeste maison de style colonial dispose d'un tout petit jardin que son propriétaire a transformé en une véritable jungle. Il faut se faufiler entre les arbres, arbustes, fougères, plantes grasses et fleurs qui le remplissent, c'est bien le mot. Quand il est à Manaus, le professeur plante, élague, taille une à deux heures par jour. Il affirme que prendre soin de ses plantes remplace un bon psychiatre et lui donne équilibre et plénitude. Quand il est absent, un jardinier aussi maniaque que lui s'occupe du jardinet. Sven et Pauline s'y promènent, ou plutôt y font quelques pas, s'y attardant avec délice. Ici, ils admirent la beauté des fleurs de grenadille, là le bec bleu d'une heliconia. Et ils restent des heures à observer les dizaines de colibris – les Brésiliens nomment cet oiseau beija flor – qui volettent sur place, affairés à embrasser leur fleur et indifférents à la présence du couple.

Manaus, 23 juin 1982

Sven a l'intention de voyager dans le Haut-Solimões, toujours à la recherche du champignon miracle. Il va s'installer sur la rive colombienne du fleuve et rayonner dans la région. Il m'a proposé de l'accompagner. Mais il m'a également mise en garde: la région est dangereuse, c'est un croisement des routes de la cocaïne. Culture au Pérou, transformation en Colombie, puis acheminement vers les États-Unis par le Brésil ou la Bolivie. Côté brésilien, c'est une zone de non-droit: les militaires y règnent en maîtres. Mais tu ne risques rien, tu es femme, donc inoffensive, Suissesse, touriste, en somme intouchable si tu ne te mêles ni de politique, ni de faire une enquête sur les caïds de la drogue, et que tu ne te trouves pas au mauvais moment au mauvais endroit. Parfois des balles partent un peu toutes seules... À la fois incitatif et dissuasif... Pourquoi tant d'ambivalence ? Sven me semble de plus en plus double: généreux et avide, gentil et agressif, invitant et rejetant...

Dans les années 80, la région frontière du Haut-Solimões est non seulement en proie à une criminalité liée au trafic de la drogue, mais sa partie brésilienne est soumise par la dictature militaire à la loi dite de la Sécurité nationale.

Cette loi en fait une zone où les militaires ont tous les pouvoirs. Or ceux-ci ne plaisantent pas avec les atteintes à la nation et, dans leur paranoïa, ils voient des menaces et des ennemis partout dans cette région difficilement contrôlable et encore partiellement inexplorée : les nations voisines rêvent d'occuper la jungle brésilienne riche en or, pétrole et bois précieux ; les indigènes, ignorant tout des lois, se battent contre des propriétaires terriens légitimés par le gouvernement ; des guérilleros, qui se moquent des frontières, communistes sans aucun doute, parfois déguisés en touristes, s'y battent pour renverser le régime ; des étrangers y exploitent clandestinement des gisements d'or ou vendent avec profit de l'art indigène aux États-Unis ; le pétrole découvert là est siphonné en douce par les gringos. Vigilance et répression ! Les militaires ont manifestement plus d'imagination que la raideur de leurs uniformes ne le laisse penser.

Concernant les femmes, Pauline aura l'occasion de vérifier l'affirmation de Sven : les militaires ne prêtent au sexe féminin pas la moindre parcelle de sagacité. Pour eux, une femme, même étrangère, ne saurait être dangereuse... Pas de Mata Hari au Brésil ! Misogynes impénitents, la femme soumise, docile, peu intelligente et totalement dépendante de l'homme les rassure. Ils trouveront Pauline jolie, mais comme elle sera accompagnée, ils l'ignoreront très vite.

Le voyage jusqu'au rio Urucu a profondément marqué Pauline. Dans le prétendu « enfer vert », elle a ressenti une paix, un calme qu'elle ne connaissait pas. Le lent glissement du bateau sur le fleuve, le défilé majestueusement monotone des arbres, les heures passées à observer les berges toujours pareilles, toujours différentes, ne sont pas des images ou des souvenirs, mais comme une empreinte en elle, une sorte de cicatrice qui ne demande pas à guérir. La beauté de la lumière ou l'inquiétante musicalité de la forêt ont agi comme un révélateur. Pauline a l'impression que quelque chose d'elle qu'elle ignorait lui a été dévoilé : au petit matin, une toile d'araignée ornée de perles de rosée, ou une aigrette blanche guettant sa proie la rendaient heureuse pour toute la journée ; un paresseux en boule au sommet d'un arbre la bouleversait. Elle ne s'était pas attendue à tomber amoureuse d'une petite bande d'enfants farouches et sales, ni de leurs mères, dignes et réservées, dont les vies ont si peu à voir avec la sienne. La proposition de Sven transforme sa rêverie en projet. Oui, cent fois oui, elle ira explorer plus avant ce nouvel univers.

4

Étienne est de retour. À peine revenu de son expédition sur le rio Jau, il s'apprête à repartir dans le haut rio Negro. Il parle avec enthousiasme de ses observations, des discussions avec l'équipe, d'une loi qui protégerait les zones où évoluent les lamantins. Il ne pose aucune question à Pauline : il connaît par cœur ses activités.

La jeune femme l'accueille plutôt froidement. Jusqu'ici, elle avait accepté sans trop se plaindre les absences de son mari. Maintenant elle exprime clairement ses frustrations, insiste sur son ennui, parle de ras-le-bol. Ce qui ressemble de plus en plus à des récriminations devrait alerter Étienne : moyen de pression, signe de détachement... mais il ne comprend pas, n'entend pas. Elle fait une petite crise, ça passera, elle mène une vie de privilégiée, a tout pour être heureuse, pourquoi tant de caprices.

Pauline ravale ses reproches et se lance : un de mes collègues de l'Alliance française va passer ses vacances dans la région de Leticia et a proposé à quelques amis de le rejoindre. J'ai besoin de mouvement, de changement. Étienne ne réagit pas. Bien sûr, je préférerais partir avec toi sur le rio Negro, ce serait vraiment génial de voyager ensemble au lieu de partir chacun de son côté. Pauline sait que cette demande, partiellement sincère, partiellement dictée par une forme de culpabilité, ne sera pas acceptée. En effet, son mari lui oppose toutes sortes d'obstacles. Comme il le lui a déjà dit, il ne mélange pas vie privée et travail, le bateau n'est pas prévu pour accueillir une personne de plus, que ferait-elle pendant qu'ils collectent et analysent leurs échantillons d'eau, interrogent les riverains au sujet des lamantins ? Sans parler de la chaleur, des moustiques, des...

Ce refus, catégorique, si rationnellement argumenté, la soulage et en même temps la déconcerte un peu : aurait-il aussi rencontré quelqu'un ? cacherait-il une maîtresse ? qu'en est-il de la petite assistante de laboratoire rencontrée à Noël, lors de la fête donnée à l'INPA ? Une très belle moreninha, à la taille un peu épaisse, il est vrai, mais quels yeux et quelle peau ! Pauline insiste par principe. Devant les refus répétés d'Étienne, son envie de l'accompagner, déjà moribonde, s'efface pour de bon. Tant pis, advienne que pourra. Aucune négociation n'est possible, son mari ne pense qu'à lui, elle n'existe pas ou plus pour lui. Elle ira dans le Haut-Solimões, lui dans le haut rio Negro. Pas de destination commune, mais une certaine symétrie géographique. On a les liens qu'on peut... Elle partira sans doute même quelques jours avant lui. Et à propos de chaleur et de moustiques, qu'il se rassure, le voyage sera confortable et sans risques : avion de Manaus à Tabatinga, taxi jusqu'à Leticia et joli hôtel style lodge avec air conditionné, piscine et cuisine internationale. Le collègue de l'Alliance a l'intention de faire quelques balades dans la jungle avec guide, anti-venin, et tout et tout, bref, l'aventure sans dangers. Elle n'a plus qu'à acheter des Pataugas et de l'anti-moustique, d'ailleurs le guide en aura sûrement, il organise des promenades pour touristes timorés et sans expérience de la forêt.

Étienne hausse les épaules. Si ça t'amuse, vas-y, je te vois mal en exploratrice dans la jungle, même avec un guide, mais enfin, ce sera une expérience. Et si ça ne te plaît pas, tu pourras toujours te prélasser au bord de la piscine. Pauline brûle de lui dire qu'il ne sait pas tout d'elle, qu'elle a une petite idée de la forêt et que cette idée la trouble, qu'elle ne pense qu'à retourner dans ce monde nouveau où elle trouvera peut-être ce qu'elle cherche sans savoir quoi. Mais elle ne veut pas parler de Nova Vida, donc de Sven. De toute façon, Étienne comprendrait-il ce genre d'émotions ? Il n'a même pas remarqué ses piqûres d'insectes.

Étienne, pourtant, s'interroge. Sa Pauline, si patiente, douce et adaptable, devient un peu aigre. Il ne comprend vraiment pas. Elle est si gâtée à Manaus : une bonne, des loisirs, des amies, une activité professionnelle... Et puis, elle ne semblait pas s'intéresser à ses recherches, ni à la faune ou à la flore de la région. Il est vrai qu'elle avait souhaité une fois ou l'autre l'accompagner en forêt, mais elle n'avait jusqu'à ce jour jamais vraiment insisté. Son cercle de connaissances et ses activités citadines devaient la satisfaire pleinement... Étienne pose les questions et donne les réponses. Il n'a jamais demandé à sa femme autre chose qu'un bref rapport sur ses activités. Il ne l'a jamais interrogée sur ses impressions ou ses besoins. Et maintenant, il lui semble qu'elle lui échappe, ou qu'il ne la connaît pas si bien, ou qu'elle est mal dans sa peau. C'est vrai qu'il ne vit que par et pour son travail et qu'un voyage ne fera pas de mal à Pauline. La jungle lui plaira peut-être, qui sait ? Alors autant que ce séjour initiatique se déroule dans de bonnes conditions : un lodge dans une région touristique fera mieux l'affaire qu'un bateau exigu et inconfortable où s'entassent les employés de l'INPA.

Manaus, 4 juillet 1982

Vraiment, Étienne, depuis que nous vivons à Manaus, ne s'intéresse plus à moi. Il ne m'a demandé ni le nom de mes collègues de voyage, ni l'adresse de l'hôtel. Qu'il aille se faire voir, lui et ses lamantins ! Je pars demain. Sven s'est occupé des réservations d'avion et d'hôtel, a dressé une liste de ce que je devais emporter, c'est tout juste s'il n'a pas préparé ma valise. Je m'en vais pourtant avec un sentiment mitigé :

j'ai besoin de changer d'air, mais je suis mal à l'aise. J'ai passé du mensonge par omission au mensonge tout court, ce n'est pas dans ma nature. Je pars, j'en ai besoin, mais l'enthousiasme manque. Ce voyage ressemble à une revanche : tu ne t'occupes pas de moi, ok, alors je prends un amant et je me paie du bon temps. Remords, regrets, culpabilité s'entremêlent. Je déserte et ne me bats pas. Mais ai-je envie de me battre ? Étienne ne voit pas que notre couple va mal. Pourquoi serais-je la seule à lutter ? Entre un statu quo déprimant et une diversion inscrite dans le mensonge, je choisis ce qui me fera le plus de bien, ou le moins de mal. On verra où on en est à mon retour. Après tout, je ne pars que trois semaines.

5

L'aéroport de Tabatinga, petit, modeste, est une piste d'atterrissage de « brousse », sans confort, ni espace réservé aux voyageurs de première classe. Il est bourré de militaires en tenue de camouflage et de gradés à la casquette rutilante, zone de Sécurité nationale oblige. Selon l'idéologie nationaliste des militaires au pouvoir, les frontières sont menacées en permanence et le sol de la patrie regorge de richesses. Or ces contrées éloignées ne sont riches qu'en arbres, en bois parfois précieux, en gibier et en indigènes réfugiés dans les derniers recoins de terres non encore exploitées. Ni or, ni pétrole. On a pourtant beaucoup foré, mais les militaires ne se résignent pas : les zones frontières sont forcément riches. Et donc menacées. Aussi la région de Tabatinga, qui touche la Colombie et le Pérou, est-elle soumise à un régime encore plus strict que dans le reste du Brésil : arrestations et surveillance facilitées ; méfiance à l'égard des étrangers ; traçage de toute personne exprimant une pensée politique non conforme. En revanche, les rixes, exécutions et règlements de comptes liés à la production et au commerce de la drogue n'intéressent pas les militaires. Ils laissent ces petits problèmes à la Police fédérale.

Après le passage de la douane intérieure (toujours le régime de Sécurité nationale), Pauline et Sven, étrangers et donc suspects, sont conduits dans un bureau où ils vont subir un interrogatoire. Pourquoi nous ? se demande Pauline. Nous ne sommes pas les seuls étrangers à avoir atterri à Tabatinga ! On examine leurs passeports avec une attention prolongée et sourcilleuse. Ce qui inquiète les militaires, c'est que les deux voyageurs viennent du même pays et ont des passeports différents. L'un doit donc être faux! Sven et Pauline tentent une explication: Suíça et Suécia sont deux pays différents, donc... L'officier chargé de l'interrogatoire continue de scruter les documents, le front plissé, l'œil méfiant, de qui se moque-t-on ici? État civil? On se pose apparemment des questions sur le statut du couple. Une femme mariée et un célibataire, ces étrangers sont sans morale. Mais Madame, où donc est votre mari? Lorsque Pauline prononce le nom INPA, l'interrogateur sort de la pièce, revient un peu plus tard, souriant et détendu. Il serre la main de Pauline, s'excuse pour les désagréments occasionnés.

L'interrogatoire de Sven dure plus longtemps. Sa qualité de médecin n'impressionne pas les militaires, n'importe qui peut se prétendre médecin. Méfiants, ils examinent le document de l'Institut Karolinska certifiant que le Docteur Sven Lindström effectue des recherches sur la maladie de Chagas. Ils ne connaissent pas l'Institut, ne s'intéressent pas à la maladie de Chagas et ce poseur arrogant, si propre et soigné, les agace profondément. On feuillette ses carnets de notes, on démonte son appareil photo, mais attention, mon film va être fichu! Mon cher Monsieur, la Sécurité nationale prime sur vos souvenirs de vacances. Sven explique une fois de plus qu'il est là pour une recherche, qu'il connaît déjà la région, qu'il y a des amis, que dans ses papiers se trouve une autorisation du Ministère. Ouais, tous des faux, on vous connaît. Sven indique qu'ils vont loger à Leticia chez James Lambert. Le même scénario se reproduit: l'interrogateur quitte la pièce et revient tout sourire. Avec deux cafés.

Dans le taxi qui mène le couple vers l'autre frontière, celle entre le Brésil et la Colombie, Pauline s'interroge sur l'effet magique qu'a produit le nom « INPA ». Suffit-il de connaître une personne travaillant dans un organisme gouvernemental pour gagner la confiance des militaires? Ont-ils téléphoné à

Manaus pour savoir s'il existait un certain Étienne Delville y travaillant comme chercheur ? Sven ne commente pas l'effet produit par le nom de James Lambert sur les fonctionnaires de la douane.

La frontière entre le Brésil et la Colombie n'est pas marquée, contrairement à celle qui le coupe de sa zone de Sécurité nationale. Le taxi traverse la bourgade de Tabatinga, un agglomérat de petites maisons en bois à la peinture délavée, passe sans s'arrêter devant un baraquement gris olive, la douane peut-être, dépasse un quartier de maisons chaulées, puis arrive dans un milieu plus urbain où marchés, boutiques et hôtels se succèdent. Le contraste est frappant entre la petite ville brésilienne et Leticia. Tabatinga, contrairement à Leticia, n'a manifestement pas changé depuis l'apparition des premiers colons, expédiés là dans les années 70 pour défricher et exploiter les forêts du Haut-Solimões : routes et ruelles de terre battue, maisons en bois sur pilotis, l'église catholique, le temple des Assemblées de Dieu... Ni hôtels, ni piscines.

Dix ans plus tard, sans aucune aide de l'État brésilien, l'entreprise de conquête coloniale a échoué et les colons sont presque tous repartis, la région n'offrant que des ressources de survie à une population dans l'ensemble illettrée et peu entreprenante. Côté colombien, en revanche, le tourisme s'est développé, des hôtels et lodges plus ou moins confortables attendent le visiteur occidental, avide d'aventures sécurisées et de découvertes authentiques. Aussi, les indigènes Yagua ou Tikuna, qui vivent dans des villages à la périphérie de Leticia, accueillent-ils, le visage peint de genipapo ou de rocou, l'étranger curieux d'observer de vrais Indiens. Comme leurs « parents » des alentours de Manaus, ils esquissent une danse bien sûr traditionnelle, font boire une boisson locale au touriste un peu inquiet pour son système digestif, puis vendent des souvenirs : sarbacanes miniatures, piranhas séchés qui semblent plastifiés, sacs et bracelets en fibres végétales. Ici aussi, les indigènes ont troqué leurs jeans et leurs T-shirts contre une jupette en fibre, les baquets en plastique ont été cachés et le touriste ébahi et ravi a l'impression d'être le premier à entrer en contact avec ces autochtones.

Le taxi dépose Pauline et Sven dans un petit port en bordure du fleuve nommé de nouveau Amazonas. Un hors-bord les attend et les conduit en un quart d'heure à leur hôtel. Ils sont accueillis sur la berge par un Belge jovial et décontracté. Pauline ne peut s'empêcher de penser que son sourire découvre des dents de prédateur et que sa bonne humeur est un peu forcée. James – curieux prénom pour un Belge francophone – a acheté un très grand terrain le long du fleuve, dont une partie est inondable, mais le plus gros de la propriété est situé sur une terre ferme. Lorsque l'eau est basse, on accoste sur une rive boueuse. Il faut alors longer une sorte de caillebotis branlant, puis grimper un escalier en bois qui conduit à la réception de l'hôtel. Si l'eau est haute, on aborde directement devant l'entrée.

James a la sympathie démonstrative : Sven et lui se donnent une accolade chaleureuse, Pauline est gratifiée d'un baise-main. Le maître des lieux vante les bungalows très confortables et suffisamment éloignés les uns des autres pour garantir la vie privée des hôtes, même si l'on ne tire pas les rideaux, ajoute-t-il en adressant un clin d'œil à Pauline.

Hôtel Victoria Regia, 6 juillet 1982

Notre bungalow est luxueux. Je n'imaginais pas trouver un tel confort dans un coin de forêt amazonienne. Le dénommé James a abattu tous les arbres d'une certaine dimension pour créer un jardin conforme aux rêves de tropiques chics de ses clients. Dans un grand étang, des martins pêcheurs plongent depuis des nénuphars géants, appelés victoria regia, qui, dit-on, peuvent supporter le poids d'un enfant. Des arbustes aux fleurs multicolores attirent les colibris, des passerelles en bois permettent l'observation de la faune et de la flore. La terrasse du bungalow donne sur le fleuve. En face, une île péruvienne sur l'Amazone semble inhabitée. Un artisanat sophistiqué provenant de toute l'Amérique latine décore la chambre : tapis en laine aux motifs géométriques, statuettes en terre cuite de personnages stylisés, bols et pots peints ou laqués. Pas d'air conditionné, mais un ventilateur au plafond. Moustiquaire à la manière d'un baldaquin au-dessus du lit et salle de bains en bois de rose. Je n'ose imaginer le prix de ce séjour... Tout est beau, neuf, soigné. Il ne semble pas y avoir d'autres clients dans l'hôtel. D'ailleurs, cet endroit fait plutôt penser à une propriété privée qu'à un hôtel. Et, décidément, je n'aime pas ce James à la face enjouée et aux clins d'œil grivois.

Pour explorer certains cours d'eau, Sven s'absente parfois deux jours. Pauline décide de l'accompagner ou non, selon la fatigue ressentie. Remonter une rivière en canot à moteur, puis en pirogue, pour se frayer finalement un chemin dans la jungle est bien plus exigeant physiquement qu'une balade en recreio. La chaleur, les moustiques, la concentration qu'exige la marche en forêt épuisent : il faut éviter, se baisser, ne pas se heurter, écarter, enjamber, grimper, sauter... Racines, branches basses, fondrières, lianes cipos, troncs, ruisseaux s'unissent pour empêcher la progression de l'importun.

James a mis à disposition de la jeune femme le hors-bord de l'hôtel et l'un de ses employés au cas où elle souhaiterait se rendre en ville. Les boutiques de Leticia proposent des articles intéressants pour les dames, lui a-t-il vanté avec force sourires appuyés. Pauline réalise que James participe aux explorations de Sven chaque fois qu'elle y renonce. Chercherait-il à la dissuader d'accompagner Sven ? Il insiste lourdement sur les dangers de la forêt : les morsures des fourmis tucandeiras provoquent des douleurs effroyables, certains serpents se dressent devant le promeneur pour l'attaquer, les piranhas vous sectionnent un doigt de pied comme on coupe du beurre, sans parler des jaguars. Mais qu'ont-ils tous à faire de la jungle un tableau de Bosch ? Et pourquoi James ne prend-il pas part aux expéditions quand elle est présente ? Vous avez besoin d'intimité, affirme-t-il dans un grand rire. Comment Sven peut-il supporter ce manque de finesse ?

Hôtel Victoria Regia, 13 juillet 1982

Je ne me sens pas à l'aise ici. Tout est trop. Trop luxueux, trop isolé, trop propre – notre groom indigène nettoie notre bungalow chaque fois que nous en sortons. Le personnel est trop attentionné. James est trop sympa, trop présent. Il cherche toujours à m'éloigner pour s'entretenir en particulier avec Sven. Vous devez être fatiguée, ma chère Pauline, pourquoi ne pas vous reposer dans le hamac amarré tout exprès pour vous là, à l'ombre du manguier ? Et il me désigne un lieu écarté. Machiste, sans doute misogyne, il me considère comme les pots ornant notre chambre : une pièce rapportée, jolie et inutile. Sven, contrairement à moi, semble être ici chez lui. Il appelle tous les employés par leur prénom, tutoie James et manifeste un entrain et une énergie sans répit malgré la chaleur. En tout cas la journée. Nos nuits sont de plus en plus calmes...

Hier, nous avons remonté en pirogue la rivière Arara, accompagnés d'un guide indigène. J'ai ressenti la même paix intérieure que lors de notre premier voyage vers Coari. Les zonzonnements des insectes, les cris des singes, le chant des piauhaus hurleurs, le vent dans les arbres, le clapotement de l'eau sous la pagaie, tout m'enchante. Des heures durant, j'observe les arbres qui défilent, essayant de dénicher un animal que je ne repère jamais, de découvrir une orchidée pudiquement cachée sous une autre plante épiphyte. Beauté et majesté des arbres... Le temps s'étire, il ne se passe rien. Puis soudain, un vol d'aras, bien au-dessus de la canopée, constelle le ciel de taches rouges et bleues.

Sven arrête fréquemment la pirogue. Il en descend, se fraie un chemin à la machette parmi la végétation parfois très dense, s'enfonce dans la forêt avec le guide. Je les entends palabrer longuement. De quoi parlent-ils? Le guide s'y connaît-il en champignons? Ils sont revenus un sac rempli de plantes diverses. Pas un seul champignon... Si je fais mine de descendre aussi du bateau, je sens le regard réprobateur du guide. Parce que je suis femme et fragile? Ou parce qu'il veut être seul avec Sven?

De retour à l'hôtel, je me suis effondrée dans « mon » hamac. J'étais vannée. James et Sven m'ont déconseillé de partir demain pour une expédition encore plus lointaine et fatigante. Je me sens de plus en plus persona non grata. James semble connaître Sven depuis longtemps et n'apprécie pas ma présence, c'est clair. Mais en quoi est-ce que je les gêne?

Pauline a saisi le message : elle se rend à Leticia avec Careca, le Brésilien qui pilote le hors-bord de l'hôtel. De prime abord, Careca n'est pas particulièrement ouvert. Poli et très professionnel, il aide la jeune femme à monter sur l'embarcation, et ne prononce, dans un anglais incompréhensible, que les quelques mots utiles à la manœuvre. *Sit down, don't move, please, in the middle.* Pauline l'interroge en portugais sur les curiosités à voir à Leticia ou à Tabatinga. Careca, enchanté qu'elle parle si bien sa langue, se détend. Peu à peu, il devient presque familier. Il raconte à Pauline l'histoire de la région, de sa famille, lui explique comment repérer les troncs ou les bancs de sable qui rendent la circulation sur le fleuve périlleuse. Il est très fier de ses origines portugaises. Il admet un ou deux ancêtres autochtones, mais ne parle pas de ses aïeux descendant d'esclaves africains, qui lui ont cependant légué une peau très foncée et des cheveux légèrement crépus. Sa femme et ses trois enfants habitent Tabatinga et il les rejoint quand son travail ne le retient pas au Victoria Regia. Il ne bénéficie d'aucun contrat : son horaire de travail et ses éventuels congés sont fonction des besoins de son patron. Or James Lambert a des besoins très élastiques...

À Leticia, peu inspirée par les boutiques recommandées par James, Pauline fait une longue halte à la Gatita golosa, épicerie de luxe qui vend des produits pratiquement introuvables en Amazonie : miel, yoghourts, chocolat suisse fabriqué à Vevey... Qui peut bien se fournir ici ? Une bourgeoisie locale, qui offre et reçoit des chocolats *made in Switzerland* ? Ou les barons de la drogue et les entrepreneurs du bois qui gâtent leurs maîtresses en les régalant de produits étrangers ?

Le lendemain, Careca, décidément apprivoisé, propose à la jeune femme d'aller à Tabatinga boire un café chez lui. Sa maison est située en bordure de la forêt secondaire qui a repoussé là, après l'échec dudit front de colonisation lancé par les militaires au début des années 70. Parois en planches, toit de zinc, elle est construite sur pilotis comme presque toutes les maisons de la bourgade. Un terrain nu l'entoure. Comme à Manaus, les habitants cherchent à bannir tout ce qui rappelle la sauvagerie et le foisonnement de la jungle.

La femme de Careca, Gleissimar, paraît beaucoup plus âgée que lui. Elle reçoit Pauline avec chaleur. Elle la serre longuement dans ses bras, comme si elle retrouvait une chère amie perdue de vue depuis longtemps et la fait entrer dans le salon. Cet espace, appelé « la salle », est parfaitement polyvalent, à la fois salon, salle à manger et chambre à coucher des enfants. On y fait les devoirs, on y reçoit les voisins pour un café, on y regarde la télévision. Celle-ci est allumée et une ribambelle d'enfants – lesquels sont à Careca, lesquels aux voisins? – se vautrent sur le canapé et les fauteuils. Gleissimar les chasse d'un coup de torchon et fait asseoir Pauline. Peu de personnes ici ont la télévision, informe-t-elle avec orgueil. Tout le voisinage vient donc chez elle. Elle sert à Pauline un café extrêmement sucré et un gâteau à la noix de coco très frais. Careca a disparu. On entend le bruit d'une hache. La conversation porte sur les enfants, la difficulté de les élever correctement dans ce fin fond du monde où l'on manque de tout. Pauline parle de sa fascination pour la forêt et pour la vie qu'on y mène. La femme ne commente pas, sourit, et propose à Pauline d'aller rendre visite à sa belle-mère. Si son invitée s'intéresse tellement à la vie dans la jungle, chez la vieille femme, elle en aura une petite idée…

Hôtel Victoria Regia, 16 juillet 1982

Ces derniers jours, les hommes ont vaqué seuls à leurs occupations. Le résultat de leurs incursions dans la jungle est un peu plus consistant: des quantités de plantes que Sven identifie et fait sécher, mais pas l'ombre d'un champignon. Quand je l'interroge, il se borne à dire que la recherche est un domaine où règnent patience et obstination. Je devrais le savoir! Qu'ils ratissent la jungle de leur côté, moi j'ai décidé d'aller chez la mère de Careca. Le patron est d'accord de se séparer deux jours de son employé et Sven content que je m'amuse, comme il dit. Mon sac à dos est prêt, j'ai acheté du miel à la Gatita golosa, emporte un hamac léger et confortable et tout ce qu'il faut pour ne pas trop souffrir dans la forêt – je commence à m'y habituer! –: anti-moustique, antihistaminique et pompe Aspivenin.

L'obsession des militaires pour le développement économique du pays avait permis à Dona Ana d'obtenir un lopin de terre. Dans tout l'État d'Amazonas, des parcelles avaient été attribuées à des paysans sans terre, venus principalement du Nordeste brésilien. Officiellement, le régime proposait un plan social pour sortir les paysans du Pará ou du Ceará de leur misère. En réalité, il s'agissait de transformer la forêt en plantations et d'occuper les zones frontières, afin de sécuriser les limites de la nation, peu respectées par les populations indigènes : ces sauvages ne comprenaient pas la notion d'État et passaient d'un pays à l'autre sans même s'en rendre compte. Il fallait les discipliner ou s'en débarrasser. Les nouveaux colons s'en chargeraient, c'était dans leur intérêt. Or ceux-ci n'avaient bénéficié d'aucune aide, vécu et travaillé dans des conditions extrêmement dures et avaient peu à peu abandonné leurs lopins. Dona Ana était la seule pionnière restée sur sa parcelle, située à une journée de marche de Tabatinga.

19 juillet 1982, de retour depuis hier

Le 17 à l'aube, le hors-bord de l'hôtel nous a conduits, Careca et moi, à Tabatinga. Nous nous rendons d'abord chez lui. Sa femme nous sert un café et un jus de cupuaçu : elle s'est souvenue que c'est mon fruit préféré ! Leur fils cadet, Joãzinho, six ans, va nous accompagner. Il est foncé comme son père, le cheveu encore plus crépu, vigoureux, et son sourire me fait fondre. Il adore marcher dans la jungle et aime sa grand-mère. C'est tout ce que sa très grande timidité lui permet de me dire entre trois sourires et quelques battements de ses cils très longs et très fournis. Têm vergonha, – Il se gêne –, déclare sa mère. L'enfant baisse la tête et regarde ses pieds nus avec un intérêt soutenu.

Chargés de nos sacs à dos, Careca muni en plus d'un fusil en bandoulière et d'une machette, nous nous rendons dans un atelier de mécanique où nous attendent un ami de Careca et son camion. Le véhicule nous épargnera une marche fastidieuse sur ce qu'il reste de la piste ouverte dans la forêt par les colons. Nous montons à l'arrière du camion et, pendant plus de trois heures, sommes brinquebalés d'une ornière à l'autre, tressautons dans les rigoles, cahotons à qui mieux mieux, le dos douloureux et les fesses contusionnées. Le chauffeur est pressé, le supplice ne cesse qu'au départ du varador, étroit et sinueux, qui relie la piste au terrain de la vieille dame. Careca ouvre la marche, armé de sa machette. Je porte le fusil. Joãzinho marche entre nous. Sa connaissance du milieu m'est très précieuse : il me guide lorsque le terrain est inondé, m'aide à franchir, sur des troncs branlants, les nombreux igarapés et les frondaisons profondes qui coupent le chemin. Ce garçon m'impressionne. Encore si petit, il est endurant, ne réclame rien, ne s'arrête jamais et semble ravi de marcher dans la chaleur, les guêpes et les moustiques. Et il ne transpire même pas!

J'aime aussi me déplacer dans ce milieu difficile. Tous les sens sont sollicités. Les odeurs sont fortes et envahissantes: odeur fade de boue stagnante, odeur de bois mouillé, d'eau croupie, odeur plus fraîche des fougères qui tapissent les sous-bois. Pour progresser sur un tronc d'arbre parfois moussu, il faut enlever ses chaussures. Le pied nu adhère mieux à la surface glissante. Il s'épate, s'étale, les orteils redeviennent préhensibles. Chuter dans un cours d'eau, passe encore, mais s'effondrer dans l'enchevêtrement de buissons, ronces, fougères et arbustes d'une fondrière, quelle horreur! Ce désordre végétal, très humide, héberge sans doute scolopendres géants, mygales poilues, crotales cascabelle, grenouilles venimeuses et autres bestioles peu amènes. Devant la perspective de telles rencontres, le pied retrouve sans peine ses qualités simiesques. Careca et son fils, eux, n'ont pas de baskets à ôter, ils marchent pieds nus dès le départ.

Après trois ou quatre heures d'une progression lente – il faut parfois sectionner quelques lianes, couper des branches, escalader des troncs morts, se hasarder sur des ponts improvisés – nous arrivons en fin d'après-midi au domaine de

Dona Ana : une clairière déboisée autrefois, où repoussent des herbes hautes et quelques arbres encore malingres ; une petite plantation de manioc et d'ananas ; une cabane sur pilotis, entourée du classique terrain désherbé, balayé jusqu'à la moindre brindille. Nous déposons nos sacs sur le sol de l'habitation, fait d'un tressage de baguettes souples. C'est là que nous dormirons, sur cet espace qui s'avérera flexible et confortable, nos hamacs faisant office de matelas.

Dona Ana nous offre un jus de cajou et des biscuits secs salés. Puis elle me propose un nescafé. Je suis très étonnée : le café lyophilisé est très cher ici, comment a-t-elle eu les moyens d'en acheter ? Elle vit de ce qu'elle plante – manioc, ananas, feijão – des fruits qu'elle cueille – mangues, bananes – et des quelques poules maigrichonnes qui grattent son potager. Tous les deux ou trois mois, elle se rend à Tabatinga, y vend quelques-uns de ses produits et s'y procure sel, sucre, riz, biscuits secs, lait en poudre et beurre salé. Au retour, un ami de son fils la dépose parfois à l'entrée du varador qui mène chez elle.

Chez la vieille dame, ni eau courante, ni électricité. L'eau vient de la petite rivière qui coule au fond du jardin ou des pluies qui remplissent un vieux baril d'essence rouillé. Pas d'électricité, pas d'eau courante – mais du nescafé ! Je lui demande où elle l'achète. Elle me montre un arbuste aux baies semblables à celles du caféier. Elle les cueille et en torréfie les graines. En effet, son « nescafé » a le goût du café lyophilisé. A-t-elle toujours appelé cet arbre et cette boisson « nescafé » ? Du haut de ses 80 ans, elle m'assure que cet arbre s'appelle nescafé depuis la nuit des temps. Incroyable ! Une multinationale suisse, au doux nom de « petit nid », a imposé ses produits partout, et si efficacement que des caboclos brésiliens, vivant au fond de la jungle et sans télévision, ont baptisé « nescafé » un arbuste probablement endogène ! Il ne me reste plus qu'à savourer le précieux liquide en portant un toast au capitalisme international. La boisson est amère, j'y ajoute du lait condensé... Nestlé, et me revient en mémoire le scandale du lait maternisé proposé aux familles du tiers-monde par la multinationale. La publicité à la télévision montrait un nourrisson dodu, rose et bien portant, tétant avec délectation un biberon. Eunice était persuadée que le lait des mères suisses était bien plus profitable aux bébés que celui des Brésiliennes. Un lait de qualité, sans doute, mais tellement cher! Je lui ai expliqué ce que signifie « maternisé » et ai dénoncé une publicité ambiguë qui crée des besoins en jouant sur les angoisses ou les rêves des gens.

Sur le chemin du retour, Pauline ne cesse de penser à Dona Ana, si vieille et fragile, vivant seule à des heures de marche de Tabatinga. Quelle force ou quelle obstination la maintient dans cet isolement absolu? Quel amour de la nature ou quelle haine des hommes? Pauline s'interroge: pourrait-elle vivre dans des conditions aussi spartiates? Peut-être, pour un temps, mais alors dans une communauté, et motivée par une activité, un projet: écrire, enseigner, faire une recherche...

6

Il reste à Pauline un peu moins de dix jours de « vacances avec son collègue et ses amis ». Sven lui propose spontanément et sans réticence une dernière expédition, plus lointaine, du côté brésilien. Un guide les accompagnera. Une avionnette les déposera sur la piste du poste frontière péruvien d'Angamos, situé au haut d'un affluent de l'Amazone : le rio Javari. Là le rio change de nom et commence à s'appeler rio Jaquirana. Depuis Angamos, un hors-bord leur permettra de remonter le Jaquirana jusqu'à un village mayorúna, nommé Santa Sofia, situé sur la berge brésilienne.

Sven souhaite entrer en contact avec ce groupe indigène qui s'est installé là sur une terre haute en 1977. Il ne parle ni de champignon, ni de maladie de Chagas. Que va-t-il donc chercher si loin ? Il fait trop chaud pour que Pauline s'interroge sur ses motivations. Elle se réjouit de dormir dans un hamac au milieu de la jungle et de manger ce que le guide aura pêché ou chassé. Elle racontera à son mari qu'elle a vécu comme lui, et même dans des conditions plus précaires : pas de cabine sur un bateau confortable, pas de cuisine, pas de toilettes… Elle va prendre sa revanche sur les préjugés d'Étienne à son égard, sur la vie rangée de Manaus. Elle se sent vaillante et héroïque, prête à affronter toucandeiras, mygales, serpents et même le jaguar. Nova Vida et le séjour chez Dona Ana lui semblent des expériences bien banales à côté de l'aventure à venir.

Quelque part sur le Jaquirana, 22 juillet 1982

Que cette forêt est belle, belle, belle! Vue d'avion durant le vol en basse altitude de Leticia à Angamos, elle semble totalement impénétrable, dense, moutonne comme une mer. Cette masse compacte est parfois déchirée par un cours d'eau sinueux, dont le lit changeant sans cesse abandonne ici et là des demi-lunes remplies d'eau. Très rarement, une habitation isolée ou un semblant de village trouent ce tissu apparemment uniforme. En revanche, depuis la lancha rapide qui nous conduit le long du rio Jaquirana, la jungle ne laisse rien deviner des petites rivières ou des éventuels refuges de braconniers ou de bûcherons qui se cachent dans ses tréfonds.

Le fleuve et ses berges grouillent de vie: des dauphins roses sautent, les yeux écarquillés, comme étonnés de nous voir; des caïmans, dérangés dans leur sieste sur le sable chauffé par le soleil, s'enfoncent nonchalamment et sans bruit dans le courant; des aigrettes blanches et des hérons scrutent les eaux avec une attention figée. Le Javari-Jaquirana, très capricieux, change souvent de lit et abandonne de nombreux bras, devenus lacs ou étangs parfois comblés. Tortueux, toutes les courbes de son tracé se ressemblent. Des heures durant, un méandre succède à un autre, pareil, suivi parfois d'un bout droit identique à un autre bout droit. Parfois, le bateau prend un raccourci dans un coude du fleuve et se fraie un chemin dans une espèce de canal. Nous naviguons alors au milieu d'arbres qui nous surplombent et dont les branches basses nous menacent. Il faut baisser la tête. Nous sommes encapsulés dans un monde vert et clos. Retour sur le fleuve: buissons et fougères masquent ses rives parfois assez hautes. J'ai perdu tout repère et ignore totalement où nous en sommes dans notre progression vers le village de Santa Sofia. Seule la lumière change et marque le temps qui passe.

Les voyages dans la région de Coari et chez Dona Ana avaient enthousiasmé Pauline : largeur démesurée du fleuve, hauteur des arbres, vie des habitants, maisonnettes simples mais soignées... Elle croyait avoir pénétré dans une forêt qu'on dit vierge, mais qui depuis longtemps ne l'est plus. La forêt première a été explorée, exploitée, largement colonisée. En revanche, même pour un œil peu exercé comme le sien, la forêt, le long du Jaquirana, apparaît plus dense. Aucune berge déboisée, apparemment nulle présence humaine. Rivière verte, forêt verte, sans trouées, le ciel comme une entaille bleue ou nuageuse au haut de deux parois vertes. Le monde sauvage domestiqué a fait place à un monde qui semble intact. Pauline se sent une vraie pionnière : elle explore une nature préservée, hors des sentiers battus. Elle est aussi soulagée d'avoir quitté le poste militaire d'Angamos et souhaite oublier, dans cet environnement si beau et harmonieux, leur court séjour dans la garnison péruvienne.

La veille, tout avait pourtant bien commencé. À leur arrivée sur l'aérodrome d'Angamos, Sven, Pauline et Venilto – leur guide brésilien – avaient été accueillis avec enthousiasme par un sous-officier joliment galonné. Ce n'est pas tous les jours que des visiteurs s'aventurent dans ces parages. Ils offrent une diversion bienvenue, on les reçoit dignement. La petite équipe est présentée au commandant de la garnison qui les attendait, nonchalamment affalé derrière son bureau, suant sous un ventilateur poussif. Quelque peu sorti de sa léthargie par ces nouvelles têtes, il s'anime à la vue du passeport de Pauline et insiste pour que les trois voyageurs passent la fin de la journée et la soirée, donc aussi la nuit, à la garnison. Sven avait prévu de continuer le voyage sans s'arrêter, mais le poste fournit hors-bord et chauffeur. Une contrariété de l'officier en chef aurait pu remettre en question toute l'organisation de l'expédition. Impossible donc de décliner un tel honneur, les militaires font la loi dans ces régions perdues et autorisent ou non à leur guise la remontée du Jaquirana.

Manifestement, le petit carnet rouge à croix blanche ouvre des portes au Pérou, même si Sven aurait préféré que celle de la garnison reste fermée. Pas très loin de la base militaire – « pas très loin », c'est combien de jours de marche ou de navigation dans ces espaces immenses ? – dans une zone de colonisation récente, la Coopération suisse d'aide au développement a introduit des vaches de souche fribourgeoise. Les bovins aux taches noires et blanches se sont manifestement très bien adaptés à leur nouvel environnement, ce qui réjouit les militaires. Aussi la petite équipe est-elle conviée à boire à la santé des autorités et des vaches suisses, à la collaboration des nations et à l'amitié helvético-péruvienne. Une verrée est organisée. Mais auparavant, le commandant, qui a pris le bras de Sven, désire lui parler en tête à tête, « entre hommes ». Il propose à Pauline de prendre un apéritif au mess des officiers, qui seront ravis de converser avec une si charmante personne.

Le mess surplombe le fleuve et est prolongé par une espèce de terrasse, un terre-plein sans doute destiné à entreposer des batteries en cas de conflit avec le voisin brésilien. Très empressés, un ou deux officiers invitent Pauline à entrer. Clic clac, elle entend qu'on ferme la porte à clé. Les gradés présents dans le mess s'approchent et proposent un alcool fort. Surtout ne pas montrer qu'elle trouve le procédé étrange, voire inquiétant, faire comme s'il était coutumier de s'enfermer à clé dans le mess quand une femme s'y trouve. Pauline sourit, remercie, s'assoit et ne pense qu'à une chose, donner le change : depuis combien de temps êtes-vous en garnison ici, êtes-vous mariés, et vos enfants ? À bout de ressources, elle marche, toujours l'air de rien, vers la porte, l'ouvre : est-ce que les deux hommes ont fini leur conciliabule ? Elle attend avec impatience la verrée promise ! Ne voyant rien venir, elle retourne dans le mess. Un officier referme la porte à clé, lui met sous le nez un deuxième verre d'eau-de-vie, en attendant. En attendant quoi ? La peur commence à envahir Pauline. Se contrôler, maîtriser son tremblement, sa voix, ses gestes. Ni trop, ni trop peu. S'inventer un protecteur. Son oncle qui travaille à l'ambassade suisse à Rio, se fait du souci pour elle, trouvant la région peu recommandable pour une femme. Elle le rassure en le tenant au courant, jour après jour, de ses activités et déplacements. L'ambiance se détend un peu, grâce à l'alcool ? à l'oncle ambassadeur ? Les hommes commencent à se raconter. Pas d'ambassadeurs dans leurs familles. Juste l'armée pour sortir de la pauvreté, pouvoir faire des études. L'un d'eux est médecin. Médecin militaire, formé par l'armée. Il lui doit son nouveau statut. Pauline admire. En Suisse, l'armée ne forme pas les recrues à autre chose qu'à la guerre, c'est vraiment dommage. Les officiers l'interrogent sur ses études à elle, ses projets. Elle se lève tout en leur répondant, ouvre la porte. Toujours pas de Sven. Mais que croit-il ? Que ces hommes sans femmes, et certains d'entre eux quelque peu avinés, vont poursuivre encore longtemps une conversation mondaine ? Pauline regagne la salle, personne cette fois ne referme la porte à clé. Elle commence à mieux respirer.

Avant la verrée, un match amical de foot est organisé. Les officiers doivent se changer, Pauline ne les intéresse plus. Sven, en tant que « Sueco » est immédiatement assimilé à un « Suizo ». On le met aux buts. Le Brésilien Venilto jouera dans l'équipe adverse. Tous les militaires désirent être dans le team du Suisse, bien que la Nati n'ait, depuis vingt ans, plus jamais été qualifiée pour la Coupe du monde. Mais peut-être l'ignorent-ils. Match, pause, prolongation, le temps passe, puis il faut boire aux vainqueurs. Tous se retrouvent au mess pour la fameuse verrée. Joueurs et spectateurs, debout, se mettent en cercle et, à tour de rôle, chacun doit vider cul sec un verre de cachaça. Le verre, toujours rempli à nouveau, passe de l'un à l'autre : un tour, deux tours, trois tours... Au quatrième tour, le cerveau de Pauline commence à fonctionner sur un mode très ralenti, au cinquième, ses jambes la soutiennent à peine, elle veut passer son tour.

La troupe proteste. Il faut boire aux vainqueurs, à la patrie, à l'amitié entre les peuples, c'est la règle.

Seule femme présente dans la garnison, Pauline éprouve de nouveau une sensation d'angoisse : quelles sont les intentions véritables des militaires ? Souhaitent-ils neutraliser sa garde rapprochée, restreinte et déjà passablement éméchée ? Sven l'encourage à poursuivre d'une voix pâteuse, à peine compréhensible. Pauline a de plus en plus peur, inspecte son entourage, les portes de sortie. L'officier médecin, qui observait la scène, appuyé contre l'issue principale, s'avance, pénètre dans le cercle, s'incline devant Pauline, l'honore d'un baisemain et la conduit hors du cercle. L'armée péruvienne lui offre une trêve, un armistice même, affirme-t-il, car les dames y sont tenues en haute estime. Effondrée sur une chaise, Pauline cuve son alcool de canne, pendant que Sven et Venilto continuent à relever le défi.

La suite des événements échappe quelque peu à la jeune femme. Elle se souviendra d'une chambre confortable, de Sven avachi sur un lit, semi-comateux, d'avoir frotté avec énergie les pieds et les mains glacées de son soûlographe. Dehors, les soldats, ivres, chantent, semblent parfois s'approcher de leur chambre, s'éloignent, reviennent. Inquiète, mais plus encore embrumée, Pauline finit par s'endormir.

Elle se réveille vaseuse, écœurée, sans énergie, se recompose un visage pour affronter les militaires, range son sac à dos. Son appareil photo a disparu. Pas question de dénoncer qui que ce soit, ce serait dangereux, ici on est à la merci des militaires, profère Sven. Alors comment as-tu pu me laisser seule avec eux des heures entières ? Tu es complètement irresponsable ! D'ailleurs, de quoi avez-vous parlé si longuement, toi et le commandant ? Pas de réponse.

Sur la place de la garnison, Pauline salue aimablement et entre dans le mess. Devant un café et des biscuits secs, les trois voyageurs, mines chiffonnées et blafardes, font connaissance du soldat qui conduira le hors-bord, puis s'acheminent lentement vers le port de la garnison. Pauline est soulagée d'échapper à la pesante hospitalité des militaires et de s'enfoncer dans le prétendu enfer vert, bien moins angoissant et beaucoup plus sûr que la garnison. Quelques officiers et soldats en maillots de corps, pas rasés et guère plus fringants que leurs invités, les accompagnent jusqu'au bateau. Bon voyage et à très bientôt !

Oui, la forêt et la rivière sont splendides, mais la région n'est guère hospitalière. Le rio Jaquirana est infesté de moustiques et de piums. Répulsif, jeans, chaussettes, chemise à manches longues, rien n'y fait. Ainsi vêtus, nous transpirons davantage et les insectes continuent leur harcèlement. Les moucherons diurnes, les piums, s'attaquent à la moindre parcelle de chair non couverte et marquent leur victime, à chaque piqûre, d'une petite pastille noire qui démange horriblement. On gratte avec énergie, ce qui augmente le prurit, rend à moitié fou. Le tout s'enflamme et gonfle. Quant aux moustiques… Il suffit que quelques-uns s'égarent sous la moustiquaire, ou que celle-ci soit microscopiquement trouée, pour que l'on passe la nuit à les chasser à coups de claques sur les bras et le visage. Au petit matin, ces vampires gorgés de sang, dont le volume a doublé, présentent un ventre rougeoyant et sont presque incapables de se mouvoir. Ils digèrent, accrochés à la moustiquaire, et nous pourrions les écraser facilement, mais nous sommes épuisés et puis, tout ce sang sur nos mains, nos hamacs ou nos vêtements… Piums, moustiques, toucandeiras et fourmis de feu. James m'avait bien mise en garde contre leur férocité.

Le voyage jusqu'à Santa Sofia est censé durer trois à quatre jours si le fleuve n'augmente ou ne diminue pas subitement son débit, ou si un violent orage n'oblige pas l'équipe à s'arrêter. Après le baptême du sang d'une première nuit passée dans un hamac plus ou moins protégé par une moustiquaire, le guide Venilto promet plus de confort. En très peu de temps, il construit une petite hutte pour le couple : sol, parois et toit de feuilles de palmier. On déploie son hamac sur les grandes feuilles qui ressemblent à celles d'un bananier et on dort plutôt bien, protégés de l'humidité qui se dégage du sol. Venilto et le soldat suspendent leurs hamacs entre deux arbres. De loin, on entend le cri du jaguar. Ne craignez rien, il chasse. Ah bon, mais que chasse-t-il ?

Le lendemain, il pleut toute la journée. Pauline ne peut pas tenir son journal. Sur le hors-bord, un petit toit de toile cirée protège par moments du soleil, mais pas de la pluie qui arrive de tous les côtés. Le soir, trempés et grelottants, les quatre voyageurs avisent sur la berge la carcasse d'une cabane probablement abandonnée par des bûcherons, ou occupée autrefois par des seringueiros, ces hommes qui récoltent dans la forêt le lait des hévéas selon un parcours toujours identique : leur « route ». Les cueilleurs de latex vident dans un gros récipient les petits godets que l'arbre saigné a remplis, puis, de retour dans leur cabane, ils fument cette substance pour en faire des balles de caoutchouc. Les parois de leur hutte se sont effondrées, mais le toit est pratiquement intact.

Les trois hommes ramassent les morceaux de bois humides qui jonchent le sol de la cabane, puis, péniblement, essaient de faire partir un feu. Pauline, épuisée, accroche son hamac aux deux poutres qui soutiennent le toit. Elle s'y assied posément. La charpente rongée par l'humidité lâche et la jeune femme se retrouve par terre. Les poutres ne l'ont pas heurtée, mais elles ont écrasé, en tombant, non seulement les tisons qui commençaient à prendre, mais aussi un énorme nid de fourmis de feu, qui, dérangées, fâchées, paniquées, allez savoir ce qui se passe dans la tête de ces hyménoptères, se ruent immédiatement, et en masse, à l'attaque de leur ennemie, l'assaillant et la piquant férocement. Leur victime, qui a chuté tout près de leur tumulus partiellement démoli, est couverte de ces guerrières agressives.

Les piqûres sont extrêmement douloureuses et Pauline essaie de se débarrasser des belliqueux insectes en les écrasant ou en les balayant de la main, mais ils piquent de plus belle. Sven et Venilto tentent de l'aider, eux aussi sont piqués. Pauline sent sa température monter, les piqûres deviennent insoutenables. Elle saute dans le rio. Là, elle se tient au bateau et attend que ses agresseuses se noient ou s'enfuient. Il fait trop sombre pour voir ce qu'elles deviennent, d'ailleurs Pauline a perdu toute envie d'observer l'enfer vert et ses habitants, on ne saura pas si les fourmis de feu sont de bonnes nageuses. Le gîte censément inhabité n'étant plus une option, les quatre aventuriers s'assoient dans la lancha et y attendent l'aube : il est bien trop dangereux de naviguer de nuit sans éclairage approprié. Les bras et les jambes de Sven et Pauline ont enflé. Fiévreux, tous deux se couvrent de crème antihistaminique et avalent des comprimés d'aspirine. Venilto, lui, a manifestement été moins convoité par les insectes. Autre odeur ? Autre peau ? Immunisé à force d'agressions ?

Sven, plongé dans une carte, tente d'évaluer la distance à parcourir encore. La carte manque totalement de précision, et distribue sur la rive droite et sur la rive gauche du Jaquirana quantité de petits affluents de manière apparemment plus esthétique que réaliste. Un à droite, deux à gauche, quelques méandres, un petit à gauche, un plus long à droite. Inutile de les compter ! Mieux vaut se fier aux informations recueillies par Sven à Tabatinga et à Angamos. Le village mayorúna devrait se trouver sur une terre haute, après une très longue courbe du fleuve, à environ trois jours de navigation avec un moteur de 20 chevaux. Dans ce monde végétal et aquatique, les repères temporels et géographiques sont assez approximatifs…

Santa Sofía, 27 juillet 1982

C'est ici que Sven voulait arriver. Depuis qu'il a atteint son but, il ne cesse d'interroger Daniel, le seul homme de la communauté qui parle espagnol – décidément mon légionnaire est polyglotte! Hauteur de la rivière en période de crues? Et en saison sèche? Y a-t-il d'autres terres hautes sur ce rio? Il veut des mesures précises, il arpente le village, calcule ou évalue certaines distances. Entre quoi et quoi et pourquoi? Daniel est d'une patience à toute épreuve. Il l'accompagne partout, toujours souriant et disponible et l'informe comme il peut, son espagnol est assez approximatif. Qu'il s'amuse avec ses métrages, moi je suis tout de suite tombée amoureuse des enfants mayorúna. Ils sont vifs, beaux, intelligents et curieux. Ils ont consacré un jour à l'observation de ma personne, puis m'ont emmenée nager. Ils ont ri comme des fous à la vue de mes poils pubiens.

À notre arrivée, les adultes ne nous ont pas particulièrement examinés. Ils nous ont reçus comme si notre présence chez eux allait de soi. Par politesse? Dans l'attente d'en savoir plus sur notre raison d'être ici? En revanche, les enfants, très excités et curieux, gloussaient et nous ont étudiés de tout près avec grand intérêt. Une cabane a été mise à notre disposition. On nous a offert des bananes et du jus de baies d'açaí. Nous partageons la pièce unique de la cabane avec Venilto. Ce n'est pas ici que nous allons réactiver nos élans érotiques d'autrefois...

Le matin à l'aube, tout le village descend au bord de la rivière pour remplir d'eau des jarres de terre cuite. On les dépose ensuite du côté cuisine de la maison collective. Avant de remonter lourdement chargés, hommes, femmes et enfants font leur toilette: ils se baignent nus, se giclent, rient. Les adultes sont glabres et mon corps et celui de Sven les étonnent. Se sentir différente n'est pas très agréable. J'avais envie de me cacher. Les imiter n'était peut-être pas une bonne idée. Et si je me baignais en culotte, serais-je moins remarquée?

Le soldat qui nous a conduits ici est reparti. Il reviendra nous chercher dans quelques jours. Curieuse sensation ! Nous sommes comme abandonnés au milieu de la jungle, sans possibilité de retour en arrière. C'est à la fois excitant et un peu anxiogène...

Hier, les fillettes ont décidé de m'apprendre les noms de leurs chiens. Le noir au poil rêche, au ventre clair, s'appelle Uasincubudten et le petit chiot jaune Tanebepacondash, et le brun aux taches blanches... Les chiens sont nombreux et je n'ai ni papier ni crayon. Au deuxième chien, j'ai déjà oublié comment s'appelle le premier. Les petites filles s'impatientent. Puis se résignent face à mon incompétence. Elles se saisissent de leurs chiens-poupées et les charrient maladroitement de la place centrale du village à la plage au bord du fleuve. Là, cris de joie, hurlements de plaisir, jappements, tout le monde batifole dans de grandes éclaboussures. Plus tard, je note les noms des chiens et les répète au plus grand plaisir de mes enseignantes.

Mon incompétence a aujourd'hui atteint un sommet. Les femmes m'ont emmenée dans la petite parcelle de terre cultivée, située à dix minutes de marche du village. Là, elles me chargent de déterrer des racines de manioc. Je tranche la racine mère, ne la distinguant pas des boutures à ramasser. Les femmes sont fâchées. Elles attachent ensuite un panier rempli de racines de manioc à mon front. Je suis incapable de faire un pas avec ce chargement. De guerre lasse, elles me posent sur l'épaule quelques tiges de canne à sucre. Ces femmes, qui m'arrivent à la poitrine, rentrent au village courbées en deux sous le poids qu'elles charrient, suivies des enfants portant comme moi quelques cannes à sucre. J'ai été disqualifiée : pas vraiment adulte, on me réduit à l'état d'enfant.

Pauline est incapable de marcher seule dans la jungle, on l'a donc gratifiée d'un ange gardien. Tumi, un garçon d'une dizaine d'années, l'accompagne de près lors de tous les déplacements. Il lui montre où mettre les pieds pour éviter les nids de guêpes, les serpents, les épines. L'ignorance et les maladresses de leur visiteuse confirment sans doute ce que les Mayorúna savent des *chotac* : ils ne comprennent rien, ne savent rien faire, sont plus lents qu'un paresseux. Pauline est une *chotac*, une étrangère, mais une *chotac* qui ne semble pas dangereuse. On ne sait pas qui elle est, mais on l'accepte, peut-être dans l'attente vague que quelque chose de bon naîtra de sa présence.

Avant la nuit, qui tombe très tôt si près de l'équateur, j'essaie de dessiner quelques visages : une ligne hachurée, couleur anthracite, encercle la bouche des hommes et des femmes et se prolonge jusqu'aux oreilles. On dirait un collier qui serait fixé directement sur la peau. Des fibres rigides de longueur variable ornent les deux côtés du nez des femmes et leur donnent un air félin. Les hommes, eux aussi, ont des moustaches de chat, ou plutôt de jaguar. De longues épines de pupunha sont plantées au-dessus de leur bouche, à droite et à gauche. Les jeunes garçons ceignent leur tête d'une sorte de bandeau confectionné avec de la paille de tucum et orné de motifs géométriques rouges. Les vêtements sont plutôt sommaires : un short pour les hommes et une jupette pour les femmes. Les enfants sont nus.

Pauline est impressionnée par les trois grandes maisons collectives des Mayorúna, les malocas. Chacune abrite entre vingt à trente personnes. De forme allongée, elles disposent d'une entrée principale qui donne sur une aire de terre nue, balayée quotidiennement, et d'une entrée secondaire côté forêt. On passe par l'ouverture noble pour aller chasser ou pêcher et par celle du fond pour se rendre dans les plantations. Pauline apprendra plus tard comment sont construites ces maisons : une armature de bois d'eucalyptus, six parois d'écorce de paxiuba maintenues par une sorte de poutraison latérale assez légère. De la paille de caraná ou de jarina tressée recouvre la structure du toit en couches superposées qui descendent jusqu'au sol : quatre-vingts pièces de paille tressée, d'une longueur de trois ou quatre mètres, sont nécessaires pour couvrir une maloca. Deux cabanes sur pilotis, aux toits de paille, construites comme les habitations des caboclos, ferment latéralement l'aire centrale. Une échelle mène à un plancher sommaire, aux proportions généreuses. C'est dans l'une d'elles que les Mayorúna ont logé leurs hôtes.

Au quotidien, Pauline, Sven et Venilto sont pris en charge par une famille d'accueil et chacun reçoit sa part de chasse ou de pêche : à l'aube, un morceau de singe cuit à l'eau ou un poisson grillé. Sans sel ni épices. Un matin, une vieille femme, aux dents réduites à quelques chicots noirs, mâche longuement un morceau de paresseux probablement dur et filandreux. Elle extrait de sa bouche une pâtée bien molle et l'offre à Pauline qui, après un imperceptible mouvement de recul, touchée par ce geste généreux, ingurgite sans plus hésiter la bouillie tiède et insipide. La jeune femme a de nouveau été traitée comme une enfant, cette fois avec attention et délicatesse.

En cachette, pour ne pas créer de nouveaux besoins qu'il sera difficile de satisfaire, les trois invités consomment entre eux les restes de lait en poudre, de sel et de sucre achetés à Leticia. Par discrétion, ils mangent dans leur cabane, ou sur l'aire centrale. Ils sont pourtant autorisés à pénétrer dans les grandes maisons. De prime abord, l'intérieur semble très sombre et très enfumé. Les hommes disposent d'un espace réservé, tout près de l'entrée principale. C'est là qu'ils mangent et discutent. De l'autre côté de la maloca, près de l'entrée secondaire, un feu est entretenu en permanence. Une espèce de claie en bois dur, utilisée pour fumer les éventuels surplus de chasse ou de pêche, domine le foyer.

Les jarres d'eau remplies à l'aube sont entreposées dans le même coin. Entre les deux entrées, des hamacs, suspendus assez près du sol, servent à la fois de lit et de siège.

Dix ans de contact avec les Blancs, principalement avec des missionnaires américaines, installées du côté péruvien du rio Jaquirana, ont détruit une partie de la culture des Mayorúna. Ils ne chantent plus, n'ont pas d'instruments de musique, et n'organisent plus de cérémonies. Ils continuent cependant à fabriquer hamacs en fibre et jarres en terre, chassent avec arcs et flèches et boivent de la caiçuma lors des rares fêtes qu'ils organisent encore. C'est une boisson fermentée épaisse, confectionnée à partir de manioc. Une fois le manioc cuit, les femmes le mâchent et le recrachent dans un grand tronc évidé. Après un certain temps d'exposition au soleil, cette boisson tournera la tête aux habitants et aux invités. Les missionnaires américaines ont tout tenté pour éradiquer cette tradition alcoolisée et selon elles si peu hygiénique. En vain !

Santa Sofia, 29 ou 30 juillet

Je commence à m'embrouiller dans les dates... Nous devions rester quelques jours dans le village, le temps pour le soldat de se rendre dans une autre garnison péruvienne, plus en amont du Jaquirana, et de revenir. Il me semble que nous y sommes depuis bien plus longtemps. Peu importe ! Je me plais ici et ne me soucie pas trop du retard du militaire. Pas davantage préoccupé, Sven arpente maintenant avec Venilto et Daniel des zones plus éloignées du village.

Je participe le plus souvent possible à la vie des Mayorúna, en réalité à la vie des enfants, qui m'ont totalement adoptée. Nous partons pêcher et nager, allons chercher des fruits dans la forêt, jouons à lancer des bâtons le plus près possible d'une cible plantée dans la terre nue de l'aire. Le soir, je rejoins

Sven et Venilto dans notre petite maison. Sven a rempli une carte topographique d'annotations. Et le virus de Chagas, il ne t'intéresse plus? Sven marmonne une réponse: délimitation des terres, protection des Indiens, y a pas que la santé... Décidément, ce voyage le rend de plus en plus mutique et quel est cet intérêt soudain pour le sort desdits Indiens? Véritable ou prétendu, au fond ça m'est égal. Malgré ses silences, malgré les moustiques et autres insectes, je me sens tellement bien!

Les enfants ne pleurent pratiquement jamais, on ne les punit pas, personne ne crie. Les petits jouent sous la garde d'un plus grand et tous accompagnent leurs parents dans leurs tâches quotidiennes, les imitant en tout point selon leurs capacités. Quand ils ont sommeil, ils dorment. Quand ils ont faim, ils grillent une banane sur le feu. Si un homme n'a pas envie d'aller chasser, il reste à paresser dans son hamac. Un autre chasseur rapportera un singe ou un paca et la prise sera partagée entre tous. C'est comme si la liberté de chacun incitait à prendre soin des autres.

Le matin, quelques hommes partent à la chasse. Quand ils ont assez de gibier, ils rentrent au village. Les autres paressent, vont pêcher ou coupent du bois. On entend parfois un couple glousser au fond d'une maloca. Si une maison a besoin d'une réparation ou d'un nouveau toit, toute la communauté s'y met. Harmonie, joie de vivre, liberté et paix règnent dans le village.

Oui, une autre forme de vie en société semble exister, mais elle est menacée. Notre seule présence ici est déjà une forme d'intromission, même si apparemment nous ne faisons rien de mal. Dans la bourgade de Benjamin Constant, Sven s'était procuré des cadeaux pour eux: les habituels fils, aiguilles, perles multicolores, casseroles pour les femmes, fil à pêche, hameçons, cartouches vides, poudre et grenaille pour les hommes. Nous ne nous sommes pas conduits en parasites, mais nos cadeaux étaient-ils si judicieux ? Ils n'ont qu'un fusil au canon tordu, à quoi leur servira-t-il d'apprendre à fabriquer des cartouches ? Et que vont coudre les femmes ? D'après ce que dit Daniel, le groupe souhaiterait avoir une école et un poste de santé. La prétendue civilisation arrive. Ils savent que les maladies la suivent ou la précèdent, que leurs enfants se feront rouler et exploiter s'ils ne connaissent pas le fonctionnement de ce monde étrange des chotac, où du papier couvert de signes les contraint à quitter leurs terres et où des marchandises leur sont proposées à condition de travailler très dur et très longtemps, parfois sans pouvoir jamais retourner dans leur village.

Un seul fusil, inutilisable, orne l'une des malocas. Daniel a appris l'espagnol en abattant pendant six mois des arbres pour une compagnie péruvienne. En guise de salaire, il a reçu une pétoire au canon tordu et sans munitions. Malgré son espagnol rudimentaire, il est extrêmement utile aux trois visiteurs. Différent des autres hommes, il aurait intéressé un ou une spécialiste en études de genre, si, en 1982, cette discipline avait existé… Une autre villageoise a un comportement et une allure qui la distinguent des femmes mayorúna. Ses yeux sont moins bridés, son visage plus clair et ses cheveux moins raides et moins foncés. Pauline remarque qu'elle évite de croiser les trois voyageurs, les observe de loin et se cache d'eux le plus possible.

Santa Sofia, 1ᵉʳ août ? Fête nationale…

Décidément, Daniel m'intéresse. Il est le seul homme du village qui porte un nom chrétien et a travaillé avec des Blancs. Il a convoyé jusqu'aux scieries du bas du fleuve des radeaux gigantesques, fabriqués avec les troncs des arbres abattus. Daniel est fort, massif. Si au Pérou il a mené la rude vie des bûcherons, au village il apprécie la compagnie des femmes, s'occupe du feu, cuisine. Il ne semble pas avoir d'épouse. Quel est son statut dans le groupe ?

Selon toute apparence, les Mayorúna obéissent à une répartition sexuée des tâches. Les femmes cultivent manioc, bananes, pupunhas et papayes dans la roça, et font à manger. Les hommes chassent, dépouillent et débitent leur butin. Les deux sexes s'occupent des enfants, pêchent et réparent ou construisent les malocas. Daniel, lui, ne s'occupe pas des enfants – il n'en a manifestement pas – ni de la roça. Il ne chasse pas non plus et aide les femmes à préparer les repas. Il participe aux travaux collectifs du côté des hommes. Le toit de l'une des malocas a été partiellement refait. Les femmes ont tressé des quantités de feuilles de palmier. Les hommes les ont ensuite fixées sur la structure du toit qu'ils avaient préalablement reconstruite. Daniel, accroupi sur la poutre maîtresse, à cinq ou six mètres du sol, travaillait durement, comme eux.

J'ai l'impression que c'est lui qui choisit ses activités. Comme si, ne pouvant être classé dans une catégorie ou dans l'autre par le groupe, c'était à lui de décider qui il était. Il a un physique très clairement masculin, mais sa voix est étrange, claire et aiguë, comme s'il n'avait pas mué. Il ne se baigne pas avec les autres. Le groupe a-t-il créé un statut spécial pour lui : ni homme ni femme, peut-être l'un et l'autre, ou quelque part entre les deux ? Quoi qu'il en soit, il est parfaitement intégré à la communauté qui semble l'accepter comme il est.

La femme qui nous évite, métisse probablement, en tout cas pas mayorúna, partage toutes les tâches des autres femmes, parle la même langue, a des enfants, mais n'est pas tatouée. Daniel m'a raconté son histoire.

Noêmia habitait Atalaya do Norte et était mariée à un Brésilien qui travaillait comme homme à tout faire pour un marchand fluvial. Il était souvent absent, pour quelques jours ou quelques semaines. Lorsqu'il rentrait à la maison, il buvait et, ivre, battait sa femme. Les voisines de Noêmia ne connaissaient pas un sort différent. Toutes finissaient par s'accoutumer et attendre que leur homme dessoûle. Un jour, son mari donna l'ordre à Noêmia d'embarquer avec lui sur le recreio de son patron. Le marchand, propriétaire du recreio, voulait explorer plus avant le rio Javari pour y vendre ses marchandises, mais aussi pour y remorquer au retour quelques stères de bois précieux. L'équipage avait été renforcé, l'expédition allait durer et on avait besoin à bord d'une lavandière, femme de ménage et cuisinière. Le bateau remonta tout le Javari, s'amarrant devant chaque maisonnette des deux côtés du fleuve pour y vendre savon, antibiotiques à la pièce, peignes, farine de manioc, sucre... Puis le marchand décida de s'aventurer sur le Jaquirana afin de rejoindre le dernier poste militaire du fleuve, Lontananza, au Pérou. Le capitaine avait tenté de dissuader le marchand de pousser si loin. Ce n'était pas prudent, la zone n'était pas pacifiée à cette époque. Traduction : les indigènes se croyaient chez eux et pouvaient se montrer agressifs. Le marchand s'était obstiné : dans ce « Lointain », il était sûr de réaliser d'excellentes affaires. Après une journée de navigation en amont de la dernière habitation visitée, le recreio s'arrêta pour la nuit. Au petit matin, le bateau est arraisonné par un groupe d'hommes peints en noir, pillé, le copilote est tué, et Noêmia enlevée.

L'incident, le massacre diront les Brésiliens, avait eu lieu dans les années 70. À cette époque, les Mayorúna pensaient encore pouvoir défendre leurs terres. Les représailles furent à la hauteur de la haine des caboclos pour les indigènes. Pour fuir leurs ennemis, ces derniers s'enfoncèrent plus avant dans la forêt. La disparition de Noêmia avait contribué à rendre plus féroces les hommes bien armés qui poursuivaient les Mayorúna. Dans la foulée, quelques villages d'autres groupes indigènes furent également brûlés et les habitants massacrés.

Quelques années plus tard, quand la chasse à l'homme se fut calmée, les Brésiliens reprirent leurs activités. Noêmia fut retrouvée par des seringueiros. Elle refusa de les suivre. Son mari mayorúna la traitait bien, elle s'était intégrée au groupe et était heureuse. Elle craignait que nous la repérions et donnions sa localisation à son mari. Daniel s'est chargé de la rassurer.

Dans le hors-bord, on empile un régime de bananes plantain, des papayes et un morceau de paca fumé, emballé dans une feuille de bananier. Comme convenu, le militaire péruvien est revenu et Pauline, Sven et Venilto sont prêts à retourner à la base d'Angamos, avant, pour Pauline et Sven, de rejoindre Manaus. Tout le village assiste au départ. Un nouveau voyageur se joint au trio. C'est Daniel. Son travail d'interprète est terminé, mais Sven a décidé de l'aider à récupérer le salaire non payé pour les six mois de bûcheronnage au Pérou. Il veut charger le commandant de la garnison d'Angamos de mettre en marche une procédure judiciaire contre le patron bûcheron. Daniel a travaillé au Pérou, mais réside au Brésil. Sven parlera aussi du cas à un ami avocat à Manaus. Daniel s'est fait tout beau : cheveux graissés et brillants, un short noir et un maillot rouge et blanc, couleurs de l'équipe nationale du Pérou. Sven promet de revenir, d'apporter un bon fusil, du papier et des crayons pour apprendre à écrire, des médicaments contre les parasites. Il parle d'un médecin, d'un instituteur. Pauline s'étonne : avec quel budget ? Venilto ne dit rien. Il est le guide, celui qui se repère facilement dans la forêt, sait naviguer sur les fleuves et peut survivre dans ce milieu. Il parle peu, impossible de savoir ce qu'il pense. Il ne semble ni craindre ni apprécier particulièrement les Mayorúna. Il a pourtant participé avec les hommes à la réfection du toit de la maloca et les a accompagnés à la chasse. Mi Brésilien, mi-indigène, il appartient à deux mondes et ses connaissances lui permettent de vivre dans l'un et dans l'autre.

Le militaire met le bateau en marche et la navigation commence entre les branches et les troncs flottants. Le trajet du retour est assez court. Le courant porte le bateau et permet une progression rapide. Le petit groupe ne passe qu'une nuit en forêt avant d'arriver au poste militaire d'Angamos. Le trio est reçu chaleureusement et l'on fête les retrouvailles avec force libations. Daniel s'est absenté. Son physique étrange attire les regards. Les soldats rient. Pauline commence à trouver que l'initiative de Sven, même si elle part d'un bon sentiment, n'est pas optimale. Il faudrait que l'un des deux accompagne Daniel dans ses démarches. Sven bougonne. Elle voit des problèmes partout, Daniel se débrouillera très bien, et, s'il n'est pas content, il peut toujours retourner à Santa Sofia, à pied s'il le faut, il connaît la région... Puis il s'éclipse de nouveau avec le commandant. Pour parler de Daniel ? Pour reprendre leur conversation précédente ? Il ne dira rien à Pauline. De son côté, la jeune femme ne pense qu'à retourner à Santa Sofia. Si Sven tient ses promesses, elle l'accompagnera.

7

Retour à Manaus, à son agitation, à l'incessant charivari, aux odeurs d'égout de ses rues... Dans la maison du Village-Blanc, avec plus d'une semaine de retard sur le programme, Pauline retrouve un mari très flegmatique. Il ne s'est pas inquiété, il sait que l'on ne se déplace pas dans le Haut-Solimões selon l'horaire d'un voyage organisé. Les récits de Pauline l'intéressent, même si apparemment nul lamantin ne hante cette région. Il a appris à aimer la jungle amazonienne et se réjouit que Pauline en ait découvert la magie.

Lorsqu'elle lui annonce qu'elle a la ferme intention de retourner chez les Mayorúna, Étienne commence à s'agiter. C'est quoi cette histoire? Et la rentrée scolaire à l'Alliance, tu y as pensé? Que veux-tu donc aller faire là-bas? Qui va t'y conduire, te nourrir? Pauline reste calme, parle d'un médecin rencontré sur place, de la maladie de Chagas, d'un dispensaire, de vaccination contre la rougeole, d'alphabétisation. Des missionnaires américaines, linguistes de formation et membres du Summer Institute of Linguistics, le SIL, ont publié un abécédaire bilingue mayorúna/espagnol. Elle va essayer de s'en procurer un exemplaire. Le SIL traduit la Bible et forme des enseignants indigènes bilingues, chargés d'inculquer les vraies valeurs, chrétiennes bien sûr, dans les communautés. Efficace et retors! Pauline entend, elle aussi, alphabétiser les enfants mayorúna dans leur propre langue, puis leur enseigner le portugais. Non pas pour les convertir, mais pour leur permettre de se défendre dans la langue des dominants, tout en maintenant vivante leur propre langue. Elle s'enthousiasme, s'enflamme, perd le fil...

Sceptique, méfiant, Étienne s'inquiète de cette vocation nouvelle. Est-ce que Pauline et le médecin... D'ailleurs d'où tombe-t-il celui-là ? Mais tu sais bien, je t'avais parlé de mon collègue de l'Alliance et de ses amis en vacances à Leticia. Le médecin est l'un d'eux. Il est allé en reconnaissance dans la région où vivent les Mayorúna pour étudier leurs besoins en matière de santé, et je l'ai accompagné. Étudier leurs besoins en quelques jours ? Il est fort ton copain ou très superficiel... Entre soupçons, jalousie et scepticisme du scientifique, Étienne trouve le projet insensé, peu sûr, dangereux et, non, sa Pauline n'est pas une aventurière. Le mot est lâché, méprisant, accusateur. Non, elle n'ira pas, sa place est auprès de lui, et l'Alliance française a davantage besoin d'elle que quelques Indiens à demi déplumés.

La colère a pris le dessus sur les soupçons, Étienne ne se domine plus. Il a perdu toute pondération et accumule clichés racistes et idées toutes faites. Pauline est consternée, triste, furieuse. Mes déplumés ne crient jamais, ils m'ont donné plus que toi en cinq ans de mariage, tu fais une fixette sur un médecin qui, lui, au moins, s'intéresse à moi, alors que toi, tu me condamnes à t'attendre sans projet, à mener une vie monotone et déprimante. Ma place à côté de toi ? Mais tu ne m'as jamais voulue à côté de toi ! Tu m'as confinée à l'arrière-plan, achetant ma présence conciliante et patiente avec du confort et des privilèges dont je n'ai que faire, car je ne les ai pas choisis. Oui, j'ai décidé de repartir dans le Haut-Jaquirana et je ne vois pas comment tu feras pour m'en empêcher.

Manaus, le 6 août 1982

J'ai finalement parlé de Sven à Étienne et de notre voyage à Coari. Je n'ai pas eu à lui mentir, il ne m'a rien demandé. Il ne veut sans doute rien savoir. Sa grosse crise de colère a passé. Il est maintenant de mauvaise humeur et plutôt taciturne. A-t-il compris que Sven ne remet pas notre couple en question ? C'est ce « nouveau monde » qu'il m'a fait connaître, cette vie autre, qui menacent notre mariage, pas Sven. L'agressivité d'Étienne contre mes « déplumés » montre qu'il a peut-être saisi cet enjeu-là.

Manaus, le 7 août 1982

J'essaie de balayer les réticences que j'ai à l'égard de Sven : ses côtés paternalistes, colonialistes même, son attitude autoritaire, son manque de réflexion – ses cadeaux problématiques le prouvent –, ses messes basses avec James ou les officiers péruviens... Sans parler de son soudain intérêt pour les terres hautes et la délimitation d'un territoire réservé aux Mayorúna. Comme médecin, il n'a examiné personne et n'a jamais mentionné la maladie de Chagas... Oui, j'ai mes doutes, mes élans amoureux sont en berne, mais j'ai besoin de lui et de sa connaissance du milieu pour retourner chez les Mayorúna. Et je me vois mal seule avec eux.

Manaus, le 8 août 1982

Pour faire comprendre mes motivations à Étienne, je lui ai raconté mon coup de foudre pour la forêt et ses habitants à Coari, ma rencontre avec la mère de Careca et les deux semaines passées chez les Mayorúna. Étienne est convaincu que mon enthousiasme va retomber assez vite : dès que mon intérêt pour mon médecin aura diminué, je cesserai de vouloir parcourir la jungle. Il attendra la fin de ma passade. Au fond, il n'a rien compris... L'ambiance à la maison est encore tendue, mais Étienne s'est résigné et semble respecter ma décision. Il me demande d'envoyer le plus souvent possible des messages radio à l'INPA depuis le poste militaire d'Angamos. Il suppose que nous n'allons pas rester des semaines sans sortir de notre jungle, qu'un petit verre chez nos voisins péruviens nous distraira et qu'ainsi je pourrai donner un signe de vie de temps à autre. Je lui suis reconnaissante de ne plus faire de scènes. Peut-être s'agit-il d'une stratégie, mais peu importe.

Manaus, le 9 août 1982

Mais qu'est-ce qu'ils ont ces hommes ? Maintenant c'est Sven qui n'approuve pas ma détermination à l'accompagner. Craint-il que mon couple ne s'effondre et que je lui reste sur les bras ? Ma présence semble n'avoir été ni prévue, ni souhaitée, ni nécessaire, ni... Il est vrai que nous n'en avons pas vraiment discuté. Pourtant, retourner à Santa Sofia est pour moi une évidence : nous avons promis tous deux à ses habitants de revenir. Or il trouve toutes sortes d'arguments pour m'en dissuader : échec de mon mariage, départ sans date précise de retour, rêveries idéalistes autour de bons sauvages, réalité décevante... Je lui réponds qu'à tout moment je peux rejoindre ladite civilisation, que je me sens engagée envers les Mayorúna, que j'ai besoin de quitter ma vie confortable. De guerre lasse, Sven a capitulé. Mais pourquoi tant de freins maintenant ?

Je ne me suis plainte ni des moustiques, ni de la chaleur, ni de la nourriture, ni de l'inconfort de notre logement. J'ai mangé des bras de singe bouillis sans sel, ai dormi des nuits durant directement sur le sol de notre cabane, n'ai pas hurlé quand une mygale s'est introduite sous ma moustiquaire, ai marché des heures dans la forêt sans avouer ma fatigue. Bref, j'ai démontré une faculté d'adaptation hors pair pour laquelle personne ne m'a complimentée – il faut donc bien que je le fasse sur cette page ! Je n'exige rien, ne pose pas de questions indiscrètes et ne me mêle pas des affaires d'autrui. Pourquoi veut-il m'écarter ? S'est-il lassé de moi ? Ou alors ses recherches et ses nouveaux projets philanthropiques cachent quelque chose. Mais quoi ? Quand je me suis étonnée de son excellente connaissance de la région des Trois Frontières et des deux langues qu'on y parle, il est resté vague. Oui, je connais la région. Un peu. Et comme personne ne parle suédois... Plausible, mais quelque chose cloche. Est-ce que passer un certain temps à Santa Sofia pourrait être dangereux ? Sven se méfie-t-il des militaires ? des Mayorúna ? A-t-il réalisé qu'il était, au moins partiellement, responsable de moi ? Je ne tiens pas à creuser le sujet, je veux partir. Quand on veut vivre, vraiment vivre, selon ses rêves et ses envies, il faut savoir prendre des risques. Sinon mieux vaut rester à la maison et encore, le plafond peut nous tomber dessus, la maison brûler...

8

Le voyage vers Santa Sofia suivra cette fois-ci une autre route. Afin d'être totalement indépendant, Sven veut disposer de son propre moyen de transport. Première étape: Benjamin Constant, bourgade brésilienne située à la confluence du Javari et de l'Amazone, nommé ici Solimões. Pour s'y rendre, avion de Manaus jusqu'à Tabatinga, puis une demi-heure de hors-bord pour traverser le Solimões jusqu'à Benjamin Constant. Là, Sven récupérera un bateau procuré par Venilto. Ils le chargeront et tous trois remonteront le Javari, puis le Jaquirana.

En Amazonie, l'efficacité n'est pas une vertu. On palabre longuement avant de se décider à acheter telle machette ou tel fusil. Sven hésite au sujet des cadeaux pour les femmes: du tissu rouge ou jaune? Et pour les hommes, des t-shirts verts? Tu veux en faire des perroquets, ironise Pauline. Qu'ont-ils besoin de tissus et de vêtements? On a parlé de santé et d'alphabétisation, et non de les déguiser. Sven rigole: on pourrait les remplumer pour faire plaisir à ton mari! Ils achètent également quelques vivres: café, sucre, sel, farine de manioc, lait en poudre, biscuits secs, sardines et beurre salé en conserve. L'Institut de médecine tropicale à Manaus leur a fourni de l'anti-venin et des vaccins. Médicaments, cahiers, essence,...

Pour acheminer tout ce matériel jusqu'à Santa Sofia, Sven et Pauline effectueront avec les caisses la longue remontée du Javari. Sven semble disposer de moyens considérables:

il a fait acheter par Venilto une barque en bois massif de six ou sept mètres, suffisamment grande pour y charger les caisses et les barils d'essence nécessaires à ce long voyage. L'inévitable Venilto s'occupera du moteur hors-bord, conduira le bateau et ravitaillera les voyageurs en produits frais pendant les dix à douze jours que durera le voyage : chasse, pêche, baies de la forêt.

Pauline a réussi à obtenir l'abécédaire des missionnaires américaines. Leçon 31 : « Le samedi, je vais en ville regarder les belles vitrines des magasins. » « Aujourd'hui, c'est dimanche, je mets ma robe neuve pour aller à l'église. » Bon à jeter ! En revanche, la partie traitant de la transcription phonétique et le lexique neutre qui répertorie les termes liés à la vie dans la forêt seront très utiles. Et quand elle saura la langue, elle composera de nouvelles phrases : « Il fait encore nuit et nous allons chercher de l'eau à la rivière. Les enfants rient et sont heureux. » Heureux... Il se pourrait qu'aucun lexème ne corresponde à cette aspiration si forte en Occident. Pauline choisit soigneusement crayons et papier : papier ligné pour apprendre à écrire, papier blanc pour dessiner, crayons à mines de couleur et crayons gris, sans oublier règles, colle et gommes.

Malgré un moteur relativement puissant, la barque, surchargée, remonte lentement le courant du fleuve. Une bâche a été fixée à l'arrière de l'embarcation sur quatre poteaux de bois et protège partiellement du soleil les trois passagers qui observent le ciel, les rives, le fleuve. Il n'y a rien d'autre à faire et la chaleur rend contemplatif. Comme lors de leurs expéditions précédentes, la nature leur offre quelques cadeaux : paresseux, singes capucins, dauphins roses ou gris, caïmans, toucans... Une monotonie heureuse s'est installée. Lever à l'aube, trempette dans la rivière, biscuits secs, huit à dix heures de navigation assis sur un banc inconfortable, construction d'un abri pour la nuit, boîte de conserve... Ce soir-là, c'est le luxe : ils passeront la nuit dans une cabane abandonnée et qui semble en bon état. Ils amarrent la barque à un arbre solide, font un feu, suspendent les hamacs aux poutres. Elles tiennent. On mélange sardines et farine de manioc, on boit l'eau de la rivière. Le trio, fatigué, s'endort dans ce confort inespéré.

À peine réveillées, trois personnes abasourdies fixent la rivière depuis la cabane. Leur refuge s'est éloigné d'une dizaine de mètres du cours d'eau qui continue de couler tranquillement plus loin. Un terrain boueux et sans aucune végétation sépare la cabane de la berge. La barque gît au fond d'un fossé, à mi-chemin entre l'habitation et la rivière. Non, les esprits de la forêt ne se sont pas divertis pendant la nuit à déplacer la cahute. C'est le fleuve qui, à la suite d'une subite décrue, s'est discrètement retiré.

Il faudrait hisser le bateau hors du fossé. Fait de grosses pièces de bois imputrescible, long de six mètres et large de deux, lourdement chargé, entre autres de huit barils de combustible, il est inamovible. Les trois voyageurs le vident de son contenu, enlèvent le moteur, l'amarrent à de grosses cordes et tirent. Impossible de le sortir du trou où il s'est enfoncé. Venilto improvise alors une sorte de treuil, mais il doit préalablement désengluer le bateau. Pieds nus, il descend dans le fossé et, à l'aide d'un bâton, il essaie de libérer la barque de sa gangue de boue. Un hurlement interrompt le chant continu de la forêt. Plus un oiseau, plus un insecte n'ose se manifester. Le hurlement cesse. Le chant reprend. Venilto extrait péniblement son pied droit de la boue. Du sang gicle continûment et avec force. Artère ? Veine ? Pauline essaie de se souvenir de ses cours de premiers secours. À l'aide d'un chiffon, Sven entoure le pied et serre très fort, puis desserre, resserre, jusqu'à ce que le sang cesse de couler. De la caisse-pharmacie, il sort une boîte d'antibiotiques. Un couteau rouillé, fiché lame en haut dans la boue, a percé le pied de Venilto. Vive la civilisation, ses précieux outils et ses déchets ! Sans bateau, impossible de rejoindre le dispensaire de l'une des garnisons militaires. Il ne reste qu'à attendre que l'eau remonte ou qu'un improbable bateau apparaisse, et espérer que, grâce aux antibiotiques, le pied ne s'infectera pas.

Cinq jours passent. Le guide claudique, mais va bien. On a bientôt fini les boîtes de conserve, reste la farine de manioc. Elle ne nourrit pas vraiment, mais remplit l'estomac et donne une sensation momentanée de satiété. Et l'eau ne manque pas, même s'il faut aller la chercher à dix mètres. On passe le temps en cueillant des fruits dans la forêt. Pauline étudie l'abécédaire du SIL. Venilto et Sven partent chasser, sans grand résultat : à peine un ara à la chair coriace. Au sixième jour, le niveau du fleuve est toujours aussi bas. La pêche n'y est pas praticable, le courant est trop violent. Personne n'admet être inquiet. Le temps s'étire interminablement. Un après-midi, finalement, le bruit d'un moteur annonce l'arrivée d'un bateau d'une certaine envergure. La petite équipe hurle de soulagement, hèle l'embarcation. Dans la jungle, si l'on ne s'entretue pas, on s'aide. Le marchand fluvial, qui redescend du poste Trinta e Um de la Funai qu'il est allé ravitailler, peine à accoster. Finalement, son petit recreio s'immobilise près de la rive. Le marchand et son aide sont heureux de la diversion, toujours bienvenue dans les longs voyages, et ne ménagent pas leurs efforts. On amarre la barque embourbée au recreio. Le patron s'éloigne de la berge en poussant son moteur à fond et tracte lentement l'embarcation hors de la fondrière. La voilà remise à l'eau. Sven achète au marchand quelques bouteilles de cachaça. On trinque, embrassades, vœux pour la suite du voyage.

Remonter le fleuve devait prendre une dizaine de jours. Il aura fallu près de trois semaines pour arriver à destination.

Santa Sofia, 10 septembre 1982

Après un mois et demi d'absence, le village a passablement changé. Deux malocas se sont vidées de leurs habitants.

Pourquoi sont-ils partis et où ? Une seule maloca, abritant une trentaine de personnes, est encore habitée. Noêmia fait partie du groupe des absents et Daniel n'est pas revenu au village, nous n'aurons pas de réponses à nos questions. Sans Daniel, le contact avec les Mayorúna est plus difficile, comme contraint, embarrassé. Comment allons-nous communiquer ? Gestes et mimiques ont leurs limites. Pour le dispensaire, ça ira, mais comment expliquer ma petite école ? J'angoisse un peu, d'autant plus que notre situation à nous aussi a changé : Venilto nous a conduits ici, mais il est reparti. Avec la grande barque.

Nous nous retrouvons donc seuls, Sven et moi. Totalement dépendants des Mayorúna et de leurs pirogues. Venilto a promis de revenir bientôt nous apporter des vivres et voir si tout va bien. Mais que veut dire « bientôt » ? Deux semaines, un mois, trois mois ? Si nous souhaitons quitter le village, nous ne pourrons compter que sur le bon vouloir des indigènes. Jusqu'où accepteront-ils de nous conduire ? Descendre le Jaquirana à deux sur une pirogue creusée dans un tronc d'arbre n'est pas du tout à notre portée. Comme nous n'avons pas de radio, notre isolement est total. Je n'avais pas concrètement réalisé ce qu'implique ce projet sur un long terme. Je ne me sens pas à l'aise et plutôt inquiète. Et si l'un de nous tombait malade ?

Une partie de mes enfants chéris a quitté le village. Mes petites institutrices entre autres. Il en reste une dizaine si je ne compte pas les tout petits. Et une quinzaine d'adultes. La perspective de passer ne serait-ce qu'une année à apprendre une langue pour alphabétiser vingt personnes me décourage un peu. Ça commence bien ! Telle une pionnière des temps modernes, je voyais grand, imaginant alphabétiser tout un peuple pour l'armer contre les Blancs ! Et je me retrouve face à un village quasi déserté...

Sven a converti en dispensaire l'une des deux cabanes sur pilotis attenantes aux grandes maisons. Pauline a décidé que la cabane attribuée au couple fera aussi office d'école. Les Mayorúna inspectent ces nouveautés avec intérêt et curiosité. L'enseignante fait signe aux enfants. Trois ou quatre gamins grimpent à l'échelle qui conduit dans la cabane. Des crayons et des feuilles sont disposés sur le plancher. À plat ventre, les enfants apprennent à maintenir la feuille dans le même axe, à tenir le crayon entre trois doigts. Ils sont vifs et intelligents et comprennent très vite ce qu'on leur enseigne. Après quelques séances, Pauline peut déjà leur faire aligner des cercles, des barres, puis des o, des a, des p. Au bout d'une semaine, le petit groupe s'est élargi. Neuf enfants apparaissent maintenant quotidiennement au haut de l'échelle. Les horaires varient en fonction des activités: bain, pêche ou repas.

Après quelques semaines d'un rythme d'apprentissage assez soutenu, Pauline passe à l'écriture de mots. Elle en a noté et appris une centaine, ne comprend encore rien à la structure grammaticale de la langue, mais peut conjuguer partiellement quelques verbes. Les enfants écrivent « nesnu », le mot qu'ils disent lorsqu'ils vont au bord de la rivière, s'y baignent, se lavent, et chargent de l'eau. Ces activités sont liées: ce terme les exprime-t-il toutes ou seulement l'une d'elles ? Pauline se demande quelle traduction elle en donnera plus tard en portugais...

Santa Sofia, 9 octobre 1982

Les enfants écrivent maintenant de nombreux mots. Je dois impérativement avancer plus vite dans mon apprentissage de la langue: mes élèves sont très rapides et si intelligents ! Je vais me trouver à court de mots nouveaux à leur enseigner. Ce matin, l'un des pères a escaladé l'échelle. C'est la première fois qu'un adulte vient regarder ce que nous faisons. Voudrait-il apprendre lui aussi ? Non, il me tend un morceau de papier. Un texte y est écrit. Il m'indique par gestes que c'est lui qui l'a rédigé pour moi. Et reste là, patient. Je regarde le texte, n'en saisis pas un mot. Face au regard plein d'attente de l'homme et aux huit ou dix paires d'yeux fixées sur moi, je ne peux que sourire largement, remercier énergiquement, bref avoir l'air d'une vraie sotte. La déception de l'homme est perceptible. Les enfants, eux, connaissent davantage mes lacunes et reprennent l'air de rien leurs exercices d'écriture. Cet homme avait probablement été alphabétisé par les missionnaires du Summer Institute of Linguistics à l'époque où son groupe vivait du côté péruvien du Jaquirana. Je ne m'exprime pratiquement pas ou très maladroitement dans sa langue, mais j'apprends aux enfants à écrire. Il en avait peut-être déduit que je ne savais pas parler leur langue, mais seulement l'écrire et la lire...

Sven n'a pas beaucoup de patients. La santé des Mayorúna est excellente et ils savent éviter plantes et animaux toxiques. Le cher médecin purge les enfants de leurs parasites et extermine les poux dont les piqûres dégénèrent en furoncles à la racine des cheveux. Sinon, ici ou là, une blessure légère ou une morsure douloureuse de fourmi tucandeira. C'est tout. Une femme a accouché, mais on n'a rien vu venir. Un jour elle était bien ronde, le lendemain elle allaitait son nouveau-né. Sven est nerveux. Il semble attendre quelque chose qui ne vient pas. Une épidémie de rougeole ou une naissance par le siège ? Est-il inquiet parce que Venilto tarde à revenir ? Nous échangeons peu. Il va souvent chasser avec les hommes, quelques heures ou un jour, parfois deux. Avant leur départ, les hommes aspirent par le nez une substance hallucinogène, censée aiguiser l'odorat et l'ouïe des chasseurs. Le chaman en propose aussi à Sven.

Les chasseurs reviennent avec un butin qui sera partagé entre tous. Les Mayorúna affirment que celui qui garde toute sa chasse pour lui est tellement goulu qu'il mangera ensuite ses femmes, puis finira par se manger lui-même. Sagesse énoncée à l'époque faste où les femmes étaient nombreuses !

Si la chasse est particulièrement abondante, l'animal est fumé, puis consommé pendant plusieurs jours. Jamais les hommes ne rapportent une quantité de viande qui dépasse les besoins du groupe. Les adeptes du mythe du bon sauvage affirment que les indigènes respectent instinctivement, ou ontologiquement, la nature. Seuls lesdits civilisés l'exploitent jusqu'à la destruction. C'est possible. En tout cas mes amis se sont adaptés très intelligemment à leurs conditions de vie. Ils ne disposent ni de sel ni de frigo, à quoi bon thésauriser des vivres condamnés à pourrir ? Auraient-ils les moyens de conserver la viande, qu'ils en stockeraient sans doute un peu. Pourquoi seraient-ils différents de nous ? Mais comme c'est la nature qui les fait vivre, ils n'abusent jamais de ses ressources. Ils ne sont pas avides, peut-être parce que leur environnement et leur travail satisfont leurs besoins. Et peut-être aussi parce qu'ils ont choisi de vivre dans une société du partage.

Santa Sofia, 15 octobre 1982

Je pense souvent à Noêmia. Dans les années 60, peu après leurs premiers contacts avec la « civilisation », les Mayorúna enlevaient des femmes et des enfants là où des colons s'étaient installés sur leurs terres. J'aurais aimé en savoir plus. Malheureusement, cette femme fait partie du groupe qui a quitté le village. Je ne cesse de m'interroger. Leur départ était-il lié à des problèmes d'approvisionnement ? Un grand groupe doit pouvoir compter sur une pêche et une chasse abondantes pour survivre, sinon il faut qu'il se sépare. Ou alors sont-ils partis pensant que nous ne reviendrions plus ? Au contraire, se méfiaient-ils de nous ? Quant à Daniel, il n'était pas à Angamos quand nous y avons passé et personne n'a su nous donner de ses nouvelles. Sven n'a rien obtenu de consistant auprès de son ami avocat et ne s'intéresse manifestement plus à l'affaire... Où ont-ils donc tous disparu ? Ils reviendront peut-être un jour. Ou ceux qui sont restés ici iront les rejoindre. Les indigènes du bassin du Javari ne sont pas sédentaires.

C'est toujours la même famille qui est chargée par le groupe de veiller sur Sven et Pauline et de les nourrir. Chaque matin, après le bain et la corvée d'eau, on leur apporte un morceau de singe ou de poisson cuit à l'eau, parfois une tranche de pécari fumé. Unan est plus particulièrement responsable de Pauline. Elle l'emmène dans d'interminables promenades en forêt et veut lui apprendre le nom des plantes. C'est du moins ce que comprend Pauline au début. Chaque fois qu'Unan lui désigne un arbre, Pauline, très appliquée, note le terme dans un petit cahier. Bizarre, cet arbre est identique au précédent, mais s'appelle autrement. Mais que lui enseigne donc Unan? Le nom des arbres? Ou celui des feuilles, des branches, des lianes, des écorces, des plantes parasites? Leur degré de croissance est-il pris en compte? Si oui, les branchettes jeunes et souples, qui une fois tressées donnent un panier solide, auraient une autre dénomination qui les distinguerait des branchettes vieilles et sèches, bonnes pour allumer un feu. Les fibres destinées à fabriquer des lanières, des bandeaux, un sac ou un hamac ont sans doute aussi des appellations différentes. Première ou seconde pousse, fraîche ou sèche, chacune a son usage et probablement son nom. Selon quelle nomenclature toutes ces plantes sont-elles nommées? Pauline est complètement dépassée. La tête lui tourne devant tant de complexité. Découragée, elle cesse de noter…

Le temps passe, Venilto ne donne pas signe de vie et les compléments alimentaires de Sven et Pauline achetés à Angamos commencent à manquer. Ils ont remplacé le sucre par des bananes mûres, les biscuits secs par du manioc et se passer du beurre en conserve n'est pas un problème. Afin de ne pas créer de dépendances impossibles à satisfaire, ils ne partagent pas leurs vivres personnels. Aussi Pauline, le soir, tout au fond de leur cabane, se prépare en douce une tasse de chocolat au lait. Honteuse face à tant de dissimulation, elle fait très attention à ne pas heurter la cuillère contre la tasse en métal lorsqu'elle mélange eau, poudre de lait et de chocolat. Renoncer à ces produits-là ne serait pas non plus un grand sacrifice et serait même judicieux. Toutefois, ils ne peuvent se passer de sel et, par ailleurs, Pauline a promis d'envoyer un message radio à Étienne. Un voyage au poste militaire d'Angamos s'impose.

Sven est ravi. Sa nervosité fait place à une excitation joyeuse. Il faut organiser l'expédition, faire comprendre aux Mayorúna où l'on souhaite aller et pourquoi. Tout cela prend du temps. Une pirogue est mise à disposition du couple et deux jeunes hommes les accompagneront. Pauline trouve que ce contact des jeunes indigènes avec les militaires est une très mauvaise idée. Ils pourraient être contaminés par des virus, les répandre dans le village. Mais Venilto, qui devait passer « bientôt », ne revient pas et Sven ne peut affronter seul avec elle la jungle et la rivière. Pauline est inquiète. Elle se souvient des beuveries au poste : comment les Mayorúna vont-ils réagir à l'alcool qu'on ne manquera pas de leur faire ingurgiter ? Les indigènes, peu habitués aux boissons alcoolisées, les supportent mal et les « civilisés » rient à s'en plier les côtes de les voir osciller, tomber, perdus, hébétés, ne comprenant pas ce qui leur arrive. Pauline n'a nulle envie de se replonger dans cette forme-là de la civilisation. Elle décide de rester au village malgré les objections de Sven : tu vas t'ennuyer, et s'il t'arrive quelque chose ? Je ne serai pas tranquille. Comme elle maintient sa position, il se fait plus insistant : je suis responsable de toi, arrête de faire des caprices, ton mari s'attend à un contact direct par radio, tu viens, point barre. Pauline se fâche, elle est majeure et décide pour elle-même. Sven argumente encore, puis finit par hausser les épaules et marmonne un tant pis, c'est ton problème.

Le projet de voyage vers le monde des Blancs donne lieu à de grands débats dans le village. Les hommes se réunissent en fin d'après-midi sur l'aire centrale et discutent jusque tard dans la nuit. Ni Pauline ni Sven ne sont invités. D'ailleurs, qu'auraient-ils compris ? Les plus âgés d'entre eux semblent préoccupés et en colère. Ils parlent fort et Pauline saisit quelques mots : arme à feu, mauvais, guerrier. Les jeunes sont attentifs et un peu renfrognés. Les Mayorúna sont probablement partagés entre la peur, la méfiance et la curiosité, selon leur âge.

Les aînés ont encore en mémoire les premiers contacts du groupe avec les envahisseurs. Dans ces contrées encore inexplorées, les prospecteurs de caoutchouc, de plus en plus nombreux, remontaient les rivières toujours plus avant. Des heurts violents eurent lieu, poussant de nombreux Mayorúna à chercher d'autres territoires où vivre en paix. Cependant, une partie des hommes, fiers de leur identité de guerriers forts et courageux, et prêts à défendre leurs terres et la vie de tout un peuple, attaquèrent à plusieurs reprises les installations des colons. Côté brésilien, les autorités et les entrepreneurs organisèrent des « correrias », autrement dit des expéditions punitives. Des villages entiers furent massacrés. Côté péruvien, on mobilisa l'armée pour défendre les intérêts de l'économie nationale et on bombarda les villages mayorúna.

Les hommes réunis autour du foyer de la maloca arrivent finalement à un compromis : Nakua, un Mayorúna plus âgé, cacique respecté, se joindra à Sven et à ses jeunes compagnons.

Santa Sofia, pas de date, j'ai perdu le compte.

Je me demande si les quelque soixante personnes qui ont quitté le village l'ont fait par peur. Que s'est-il passé ici pendant notre absence ? Si le groupe s'est scindé, cela signifie que deux points de vue se sont affrontés. Le groupe majoritaire est parti et l'autre est resté : le chef seul ne peut rien ordonner à l'ensemble du groupe, il doit convaincre. On ne gère pas les problèmes par un vote qui donne à la majorité le droit de décider pour tous. J'ai lu qu'un chef Yanomami voulait faire la guerre à ses voisins. Le village entier a refusé. Peint pour l'assaut et armé d'un gourdin, le chef est parti vers une mort assurée en la seule compagnie de son fils. Est-ce que des bruits auraient couru sur une éventuelle invasion de leurs terres ? Le groupe qui est resté pense-t-il que nous les protégerons ? Cette idée me fait frémir. Notre responsabilité serait énorme. Nous avons sans doute créé de faux espoirs et ils nous croient plus forts que leurs chamans. Si quelque chose arrive, nous ne pourrons rien faire et ils se sentiront trompés et trahis.

Oui, face aux Blancs, les groupes indigènes se sont retrouvés devant une seule alternative : résister ou fuir. Les groupes les plus belliqueux, armés de gourdins, d'arcs ou de sarbacanes, ont été décimés par l'armée brésilienne ou par les colons munis de fusils, quand ce n'était pas de mitraillettes. Les groupes plus pacifiques se sont enfoncés dans la jungle, faisant fi des frontières nationales et sont maintenant coincés entre les différents fronts de colonisation ou d'extraction. Les dernières résistances guerrières des Mayorúna datent du début des années 70. Depuis, même les plus combatifs d'entre eux, démoralisés, brisés, sont lassés de se replier sans cesse, de quitter les terres où sont enterrés leurs ancêtres, d'abandonner leurs petites plantations de manioc et leurs bananiers. Aujourd'hui, tout faire pour rester sur leurs terres représente leur dernière forme de résistance.

Santa Sofia. Pas de date

Sven est parti depuis au moins dix jours. Que se passe-t-il ? Ils devraient être de retour. Je deviens nerveuse et commence à me sentir seule. Je suis entourée d'enfants et de femmes qui manifestement m'apprécient, tout le monde est adorable, pourtant quelque chose me manque. Un interlocuteur avec qui échanger ? Quelqu'un de mon monde ? Sven, malgré ses défauts, pouvait me comprendre. Je n'ai que ce fichu journal...

Sinon RAS. Je m'occupe des enfants et reçois toujours ma part de nourriture. Unan veille ! Je me sens de moins en moins vivre en parasite : les parents semblent contents de mon travail. Quelques femmes assistent parfois à nos leçons, rendues curieuses sans doute par l'enthousiasme de leurs petits. Je maintiens aussi le dispensaire en état, désinfectant une plaie ou appliquant des compresses chaudes pour faire éclater des furoncles. J'ai maintenant appris tous les mots figurant sur l'abécédaire des linguistes du SIL et essaie de comprendre la grammaire en étudiant les phrases révoltantes, rédigées par ces missionnaires qu'on devrait poursuivre pour ethnocide : « Je prie Jésus, Lui seul peut me sauver » ou « Il n'y a qu'un Dieu et une seule vérité ».

Peu à peu, je commence à saisir le fonctionnement d'un système verbal plutôt complexe. « Cuen » signifie « passer ». Le suffixe du verbe permet de le conjuguer, comme dans de nombreuses langues. Mais là, le suffixe indique aussi bien le temps que l'état. Si, en français, je dis « les pécaris ont passé », tout est clair, ils ont passé. Dans la langue pano, langue de chasseurs, il est important d'en savoir plus. Alors on a :

1) *« cuenaccosh » qui signifie : quand, il y a peu de temps, le locuteur a découvert des traces fraîches ;*
2) *« cuenëdaccosh » : quand, il y a peu de temps, le locuteur a découvert des traces anciennes ;*
3) *« cuenaccondash » : quand, il y a longtemps, le locuteur a découvert des traces fraîches ;*
4) *« cuenëdaccondash » : quand, il y a longtemps, le locuteur a découvert des traces anciennes.*

Bon, je ne suis pas sortie de l'auberge !

9

Pendant que Pauline attend le retour de Sven, Étienne, revenu à Manaus après son séjour dans le haut rio Negro, trouve à son bureau le radiotélégramme du Suédois, daté du 8 novembre 1982. Message rassurant, mais très vague. « Tout va bien. Pauline restée au village. Travail OK. Sven » Étienne ne comprend pas que sa femme ne se soit pas rendue à la garnison avec Sven. Près de trois mois sans contact avec la civilisation ? Comment fait-elle pour supporter sans interruption l'isolement et le manque de confort ? Lui est toujours heureux de retrouver la ville, ses restaurants, son cinéma, de boire un verre avec ses voisins, de parler d'autre chose que de lamantins, même si Manaus, comparée à Lyon ou à Genève, est loin d'être une ville de culture et de loisirs.

Santa Sofia. Sans date

Les trois accompagnants de Sven sont enfin revenus, avec du sel, du sucre, du lait en poudre et même un peu de chocolat, mais... sans Sven. Lors d'une longue et laborieuse « discussion », où gestes, mimiques et dessins ont accompagné les quelques mots que je comprenais, Nakua et les deux jeunes hommes m'ont appris : 1. que le chotac est resté à Angamos et n'a visiblement pas l'intention de revenir au village et 2. que si je voulais le rejoindre, ils me conduiraient au poste.

Ce n'est pas vraiment la panique, mais je me sens oppressée, angoissée, pas bien du tout. Les trois n'ont peut-être pas compris ce que Sven a essayé de leur dire. Ou alors c'est moi qui n'ai rien compris... Sven prolonge son séjour chez les militaires péruviens et va revenir avec Venilto. Comment pourrait-il me laisser seule ici ? Je me rappelle maintenant son insistance pour que je l'accompagne à Angamos. Pourquoi ne m'avoir pas dit qu'il quittait les lieux s'il le savait ? Non, il va revenir. Si j'allais le chercher à Angamos ? Pourquoi pas ? Et s'il n'y est plus ? Je me vois mal affronter la garnison militaire toute seule. Descendre le Jaquirana, puis le Javari jusqu'à Atalaya ou Benjamin Constant ? Je ne peux en aucun cas m'aventurer sur le fleuve seule. Ni me faire accompagner par des hommes du village. Qu'est-ce que je ferais d'eux sur place ? Et s'ils attrapaient des maladies ? Et s'ils voulaient rester chez les chotac ? Mieux vaut attendre le retour de Sven. Nakua et ses compagnons se sont trompés. Il ne saurait tarder. On fera alors le point.

En attendant, je continue mon travail. Je commence à fabriquer quelques phrases qui font parfois beaucoup rire mes élèves. Ils me corrigent. Je parle de mieux en mieux et ils écrivent de plus en plus. Complicité gaie et dynamique.

Plus d'un mois a passé depuis le message radio de Sven. C'est bientôt Noël à Manaus. Un Noël sans Pauline, dans une ville où les sapins sont synthétiques, les Pères Noël basanés, la température élevée et l'air humide. Aucune nouvelle de la jeune femme. Étienne devient nerveux. Il avait cru que sa femme lui reviendrait très vite, que son envie de se confronter à un milieu différent lui passerait après les premiers moments de découvertes et d'émerveillement. Se frotter à une culture autre est sans doute fascinant, mais à la longue... Restait ce Sven. Mais là non plus, Étienne ne voyait pas cette relation durer. Ou alors, elle vivait une folle passion. Peu probable : elle aurait accompagné ce type à Angamos. Et s'il lui était arrivé quelque chose ? Étienne raisonne et classe : point 1, point 2, point 3. Et oublie que son intérêt pour les lamantins n'est pas plus rationnel que celui de sa femme pour les Mayorúna.

Tous les jours, il se rend à l'INPA, mais ses pensées vont ailleurs. Où sont passés les échanges intimes et profonds d'autrefois? Leur couple s'est perdu dans l'anecdotique. Et lui, égoïstement, a négligé les besoins et désirs de sa femme: elle aurait voulu s'engager socialement dans une ville où la moitié de la population s'entasse dans des bidonvilles, pénétrer dans cette Amazonie qui, petite fille, la faisait tant rêver... Maintenant, amoureuse d'un autre, elle s'active à plus de mille kilomètres de Manaus. Étienne travaille et son esprit vole au-dessus du rio Jaquirana. Là, dans un espace déboisé, apparaît une jeune femme entourée d'enfants sales et beaux. Elle est assise sur un tronc d'arbre, à l'ombre d'un ceiba, une feuille à la main où elle a dessiné une immense lettre A. Elle sourit et semble heureuse. Il balaie cette vision kitsch, digne d'un adolescent, et lui viennent alors en tête toutes les questions qu'il n'avait pas songé à lui poser avant son départ: que manges-tu? où dors-tu? dans quelle langue communiques-tu?

Santa Sofia. Sans date

Je pense à Sven, à son absence, au temps qui passe et me sens extrêmement vulnérable. Doublement enfermée, aussi. Prisonnière d'un lieu dont je ne peux pas sortir, ou difficilement, et totalement dépendante des hommes du village: sans eux, nul départ possible. Et quand je suis anxieuse, la forêt me fait sentir davantage qu'elle m'enserre, me retient. On ne voit jamais d'horizon. La vue la plus ample est celle qui nous permet, depuis la berge du Jaquirana, de voir l'autre berge. Et ici, la rivière n'est pas très large... Ailleurs, les arbres nous enveloppent de tous les côtés et forment comme un couvercle au-dessus de nous. Là non plus, aucune échappatoire.

En dehors de ces moments d'angoisse, ma vie est tranquille et douce, rythmée par des occupations quotidiennes toujours identiques: baignades, repas, leçons, jardinage dans la roça. Les enfants et les femmes, leurs rires et leur joie de vivre animent mes journées. Parfois, une activité inattendue rompt le cours uniforme du temps. Très excitée, je me sens participer à une nouvelle aventure. Une marche dans la forêt, un nettoyage de ma cabane, une pêche à la nivrée donnent lieu à mille découvertes et rires. Je ne m'ennuie jamais, pas comme à Manaus, sans doute parce qu'ici chaque geste a un sens. Je ne comprends pourtant de loin pas tout et me contente souvent d'observer et de faire des hypothèses.

Mais je dois aussi avouer qu'il m'arrive de plus en plus souvent de rêver d'Europe, d'invitations à dîner, de neige et de chats. Et là, je me sens seule.

Nous sommes retournés nombreux sur l'emplacement d'un village abandonné suite à un décès, pour récolter fruits et racines dans l'ancienne plantation. Nous avons marché deux jours dans la forêt primaire. Je m'y sentais comme dans un terrarium, tant elle est dense et humide. Le soleil ne pénètre pas dans cet amas de feuilles, de branches et de lianes. Des ruisseaux très clairs et peu profonds servent par moments de sentiers, sinon les Mayorúna créent leur chemin à coups de machette et à leur hauteur. J'ai donc marché pliée en deux, ou plutôt j'ai couru derrière eux, être bossu et maladroit, émerveillée par leur foulée rapide, souple et assurée.

Sur une espèce de chemin qui semblait déjà tracé, ils m'ont placée devant eux. J'ouvrais donc la marche, très appliquée et concentrée. Je voulais qu'ils admirent mes progrès. Il fallait écarter les lianes qui pendaient sur le chemin pour pouvoir passer. Pas besoin de les couper, il suffisait de les pousser de côté comme des rideaux devant une fenêtre. Je les entends rire aux éclats. Je m'arrête. Qu'ont-ils vu ou fait? Je ne remarque rien. Ils continuent de rire, me montrent du doigt les lianes que je venais d'écarter, en attrapent une avec un bâton. La liane s'enroule autour du bâton, une petite tête allongée se dresse. Un serpent. Long, mince, d'un vert lumineux. Je ne l'avais pas repéré dans l'enchevêtrement des lianes... La démonstration de mes nouvelles compétences était ratée! Une fois de plus, ils s'étaient bien amusés à mes dépens. Je les soupçonne de m'avoir fait ouvrir la route, car ils aiment rire et que, livrée à moi-même, je ne manque jamais de faire une bêtise: je ne vois pas le fer de lance enroulé sur lui-même à dix centimètres de mes pieds; je marche bien trop près d'un nid de guêpes; je cherche à faciliter ma progression en saisissant un tronc épineux ou couvert de fourmis de feu. Bien sûr, ils rient, mais en cas de danger, mes anges gardiens interviennent: j'ai saisi à pleine main l'inoffensif serpent vert qui pendait de la canopée, mais on m'a éloignée fermement du fer de lance. J'ai totalement confiance en eux. Ils rient de moi sans malice et j'assume pleinement mon rôle d'amuseur public.

Pour la nuit, certains ont construit de petits abris en palmes tressées. Les autres ont suspendu leur hamac aux arbres. Dans ma petite hutte de palmes, je me sentais protégée et en sécurité. L'appel d'un jaguar, au loin, a accompagné notre sommeil. À l'aube, les cris d'une bande de singes nous ont réveillés. Leurs hurlements se rapprochaient, puis s'éloignaient, revenaient dans un grondement terrifiant, archaïque, puis ils s'amenuisaient, doux, veloutés, invitants. Parfois on croyait suivre le déplacement de la horde, mais non, les sons provenaient de partout et de nulle part. Nous étions au milieu d'un orchestre passant progressivement du forte au pianissimo, puis attaquant le mouvement suivant mezzo forte pour le terminer pianissimo, et ainsi de suite.

Après avoir bu l'eau claire d'un igarapé et mangé deux ou trois bananes, nous avons repris le lendemain notre progression dans la forêt. De l'ancien village, il ne restait que quelques morceaux de bois noircis. On avait enterré le mort au centre de la place et brûlé toutes les maisons pour en construire d'autres plus loin. Les Mayorúna quittent-ils leur village chaque fois que quelqu'un meurt ? J'ai peut-être mal compris et la communauté avait déserté les lieux suite à un massacre, enterrant les morts au centre du village brûlé... À voir la végétation qui commençait à l'envahir, le lieu avait été abandonné depuis longtemps. Des herbes folles et des arbustes avaient pris possession de la place centrale. La forêt reprenait ses droits, plus clairsemée, laissant filtrer les rayons du soleil. Dans la plantation colonisée par la broussaille, nous avons trouvé des bananes, des pupunhas et quelques racines de manioc. Des sacs sont confectionnés, puis attachés au front des hommes et des femmes. Alourdis par la charge, nous nous remettons en marche. Je dis « nous », mais en réalité je ne portais rien, tout comme les enfants. Les enfants et moi avions assez à faire : progresser dans la jungle demande une énorme concentration.

Santa Sofia. Pourquoi dater ?

Malgré le départ de Sven, Unan ne m'a pas conviée à habiter avec sa famille dans la grande maloca. Mon statut n'est sans doute pas clair, donc pas prévu dans l'organisation du groupe. Aussi, je dors seule, sur le plancher de la cabane-école, enroulée dans mon hamac. J'avoue que je ne suis pas du tout rassurée, pour ne pas dire que j'ai souvent peur. Je me suis habituée au langage de la forêt, j'ai appris à le connaître et à l'aimer. Mais mon imagination est grande le soir, au moment de me glisser sous ma moustiquaire : ce frôlement, serait-ce un serpent qui a réussi à entrer dans ma pièce ? ce frottement sur mon échelle, un jaguar qui tenterait de se hisser jusqu'à mon entrée ? La réalité est plus banale : toutes les nuits, je suis dérangée par des grattements dans le toit de palme de la maisonnette. Sans Sven à mes côtés, ces bruissements légers mais continus m'angoissent. Les habitants de mon toit dansent la sarabande dans les feuilles sèches, frénétiquement, sans jamais se reposer. Un matin, une mygale, peut-être en quête de chaleur, s'est glissée sous ma moustiquaire, tout près de ma hanche. Son corps anthracite et velu, ses pattes articulées avaient une certaine beauté. Sven m'avait montré un jour les crochets venimeux avec lesquels ces araignées mordent leurs proies. J'étais fascinée et terrifiée. Toujours couchée sous ma moustiquaire, j'ai déplacé mon corps lentement et très délicatement. Plus épouvantée que moi, la mygale a fui, disparaissant dans un interstice entre deux planches. J'ai demandé à mes amis de me débarrasser de ces intruses. Morts de rire, ils sont venus chez moi armés de bâtons. Ils les ont enfoncés avec force et à plusieurs reprises dans le toit. Des dizaines et des dizaines de mygales sont tombées sur le sol de la cabane. Elles couraient dans tous les sens, affolées et misérables. Mes compagnons, toujours hilares, en écrasaient quelques-unes, pendant que les autres se réfugiaient dans les parois, remontaient se cacher dans les palmes sèches du toit ou disparaissaient sous le plancher.

Mes sauveurs ne cessaient de rire. J'ai fini par comprendre qu'il était impossible de chasser ces bestioles, que mes amis n'étaient pas venus pour me sauver, mais pour me donner une leçon et qu'il fallait signer avec elles un pacte de non-agression pas vraiment réciproque. J'allais laisser les mygales nicher dans mon toit, elles n'en descendent d'ailleurs que rarement. Je m'habituerai à leur sabbat. Le matin, avant de m'habiller, j'inspecterai chaussures et pantalon, et j'éviterai de leur marcher dessus pieds nus. Je dispose bien d'un antidote, mais il ne doit plus être très efficace n'étant pas conservé dans les règles de l'art, c'est-à-dire au frais. Il ne me reste plus qu'à maîtriser mes angoisses.

10

Fin janvier 1983, toujours sans nouvelles de sa femme ni de son compagnon, Étienne se rend au quartier militaire de Manaus et demande à pouvoir communiquer avec la base militaire brésilienne de Palmeiras, située à quelques heures de navigation en aval de la base péruvienne d'Angamos. Les deux garnisons sont sans aucun doute en contact, par radio ou au moyen du téléphone arabe qui fonctionne bien dans ces contrées. Les militaires tant brésiliens que péruviens sauront sûrement ce que font et où se trouvent les deux étrangers, c'est leur travail de les surveiller. Le couple ne peut que leur être suspect, donc ils l'ont à l'œil.

Inutile d'appeler Palmeiras, déclare le lieutenant en charge. Ici à Manaus, nous disposons d'informations précises sur les déplacements du couple. Quant à leurs activités… Nos collègues ont quelques soupçons, mais pas encore de preuves. Vous insinuez que ma femme aurait des occupations douteuses? Je n'insinue rien, le fait est que les deux gringos prospectent dans toute la région, Brésil, Pérou, Colombie… La question est la suivante: que cherchent-ils? Un terrain où planter de la coca? Un lieu où installer un centre de traitement de ladite coca? Accompagnée par l'armée au cas où les Indiens attaqueraient, la Petrobras, entre 1972 et 1974, a effectué des recherches approfondies du côté brésilien du Javari. Elle n'a rien trouvé. Depuis, plus personne ne rêve de pétrole. Reste la coca donc, ou l'or peut-être. Vous ne voyez pas votre femme dans ce genre de business? Mais connaît-on son épouse?

Ce qui est sûr, c'est que le dénommé Sven Lindström est déjà venu dans le coin, et à plusieurs reprises. L'officier s'empare d'un classeur. On l'a vu à Leticia en décembre 1977, appareil Canon au cou et bob australien sur la tête, on l'a classé « touriste ». Il est revenu en 1978, 79 et 81, est resté à chaque fois environ six mois et a pas mal voyagé dans la région des Trois Frontières, toujours avec son appareil photo et son chapeau ridicule. Son port d'attache est l'hôtel de James Lambert à Leticia, un aventurier très malin, qui cache des trafics peu nets. Lesquels ? Chasse de gibier protégé, drogue, prostitution et peut-être pire. Tout ça sous la couverture d'un hôtel première classe doté d'une agence de voyages. Ledit Lindström a par la suite été classé « suspect ». Il a quitté Leticia fin août 81. On le signale à Manaus fin avril 1982. Il loge au très chic hôtel Amazonas. Non, on ne l'a pas surveillé de près. En fait, on l'avait un peu oublié. Non, on n'est pas au courant d'une autorisation ou d'un mandat pour une recherche médicale. Il ne dispose que d'un visa de touriste facile à renouveler. Ses dernières aventures, ou entreprises, comme vous voudrez, vous les connaissez : on le signale à Leticia, accompagné d'une dame, début juillet 82. Tous deux se rendent du côté brésilien du Javari, via Angamos. Les Péruviens ont raconté à leurs collègues de Palmeiras – entre garnisons si proches les contacts sont réguliers et amicaux – qu'un Suisse s'était distingué lors d'un match de foot, c'était à la mi-juillet 82.

Et plus récemment ? L'officier fouille encore dans son dossier : ah oui, fin août 82, les deux gringos se sont arrêtés à Palmeiras en remontant le Javari. Ils étaient accompagnés d'un homme à tout faire, un Brésilien. Leur bateau, très chargé, a été fouillé. Il était plein de médicaments, de vivres et de fournitures scolaires. On croit rêver ! Ou c'est une couverture plutôt subtile, trop peut-être pour être honnête, ou ce sont de véritables humanistes, genre Croix Rouge et compagnie.

L'opérateur radio met alors Étienne en contact avec la garnison d'Angamos. Mêmes informations côté péruvien : un super match de foot, le Suisse était vraiment bon, puis deuxième visite avec une barque chargée, et puis, oui, encore une visite, il y a près de trois mois, pour le ravitaillement. Le Suisse est arrivé avec trois Indiens. Il a eu un long entretien avec le commandant de la garnison, puis a renvoyé les Indiens, qui sont repartis avec du sel, du lait en poudre et autres produits de base. Non, nous n'avons pas demandé où était la dame. Non, le commandant n'est pas ici en ce moment. Le Suisse... vous dites qu'il est Suédois ? Bref, l'homme a profité de la permission de quelques soldats pour partir avec eux, direction Iquitos. Pour faire quoi ? Il semblait être à la recherche d'un certain Daniel, un Indien civilisé. Il faudra demander au commandant. Mais non, je vous l'ai déjà dit, il n'est pas là.

Étienne est bouleversé. Sa Pauline, seule, abandonnée on ne sait où ! Si les informations sont très précises pour le détail – crayons, gommes, antibiotiques, lait en poudre – elles ne disent rien de l'essentiel : où est sa femme ? que fait ce Sven ? Étienne est maintenant mort d'inquiétude. On parle trop ou pas assez dans ces régions si surveillées, et ce qui importe est brouillé. Les militaires de la garnison brésilienne ne se sont pas intéressés à la destination des voyageurs, ils ont juste vérifié leur chargement. Bizarre, c'est pourtant leur rôle de tout savoir... Du côté péruvien, on n'est pas trop curieux non plus. Personne ne s'est demandé pourquoi la jeune femme blanche était restée seule, paumée au milieu de la jungle. Étienne passe de l'abattement et de la peur à une colère noire : comment ce sale type, ce salopard, ce probable imposteur a-t-il osé laisser Pauline livrée à elle-même, sans ressources et dans un village perdu ? Cet individu est complètement irresponsable ou pire encore, fou, déséquilibré. Un prétendu chercheur, un lâche, un amant probablement lassé, un mec sans aucune morale a abandonné sa Pauline au milieu de rien ! Et maintenant, que faire ?

Prendre contact avec la police fédérale brésilienne, avec la police péruvienne ? Attendre le retour du commandant d'Angamos pour le questionner ? Les autorités se sentent-elles seulement concernées et prêtes à agir ?

Un rendez-vous est pris avec le chef de la police de Manaus. Le commandant n'a manifestement aucune envie de s'occuper du cas : écoutez, Monsieur, quand on se rend dans des endroits si difficiles d'accès, et même dangereux, on assume, non ? Depuis Manaus, impossible d'entreprendre des recherches, c'est d'ailleurs prématuré, et votre femme devait savoir dans quoi elle se lançait, oui ? Si vous êtes vraiment inquiet, vous n'avez qu'à vous rendre en personne à Tabatinga pour y étudier la situation avec les autorités locales, ou, mieux encore, passer par l'ambassade suisse à Rio qui vous aidera dans vos démarches. Et puis, vous savez, dans les zones de Sécurité nationale... Oui oui, Étienne sait, rien ne s'y déroule selon les lois en vigueur, on peut disparaître sans laisser de traces, les Indiens sont féroces, les trafiquants de tous poils y pullulent, sans compter les animaux sauvages. Ne vous échauffez pas, lui conseille le policier chef, et évitez l'ironie, ici c'est la meilleure manière de ne rien obtenir. Soyez poli, patient, voire très attentionné, si vous voyez ce que je veux dire. Étienne, le visage congestionné par la colère, quitte le bureau du chef en claquant la porte.

Un téléphone à l'ambassade le hérisse encore plus. On lui conseille d'attendre ou d'aller lui-même chercher sa femme. Il est trop tôt pour parler de disparition, elle n'est d'ailleurs pas seule dans la forêt, n'est-ce pas ? Et les déplacements de son compagnon de voyage n'ont a priori rien d'inquiétant. Étienne voit rouge. Vous croyez que la jungle, c'est le club Med ou quoi ? Sortez de votre bureau et allez-y voir ! Et c'est quoi au fond votre boulot ? Vous n'êtes pas censés vous occuper de vos compatriotes en difficulté ? Mais bougez-vous, nom de Dieu ! Le chercheur méthodique et mesuré a perdu les nerfs. Avant de perdre sa capacité de réflexion, il doit changer de stratégie.

Il décide donc de cesser de s'adresser à tous ces incapables. Il agira par lui-même. Il obtient facilement un congé auprès de l'INPA, le temps de se rendre dans le village mayorúna et de récupérer sa femme. Et, quoi qu'il arrive, il ne rentrera pas sans elle.

Santa Sofia

La pêche est l'une des activités favorites des enfants. Ils s'installent sur une branche d'arbre qui surplombe un étang ou la rivière, attachent une fibre végétale à une baguette souple, fixent une baie ou un petit morceau de noix de coco au bout du fil. La récolte est plutôt maigre, mais les enfants s'amusent beaucoup et finissent par griller et manger ensemble les petits poissons. La pêche à la nivrée, elle, concerne l'ensemble de la communauté.

Hier matin, une agitation extraordinaire régnait dans la grande maison. Trois hommes sont revenus de la forêt avec des lianes. Tous les villageois, munis de paniers, de bâtons et de harpons, très excités, se sont rendus au bord d'un ruisseau calme et peu profond. Là, les lianes sont ouvertes, puis écrasées avec des espèces de pilons. Une sève blanche s'écoule de la liane. On recueille la sève et les lianes écrasées, on jette le tout dans la rivière. L'eau blanchit et après peut-être dix minutes, les poissons, asphyxiés par le poison des lianes, commencent à remonter à la surface. Hommes, femmes et enfants s'éparpillent dans le ruisseau. Selon la taille des poissons, ils les attrapent à l'aide d'un harpon, à main nue ou avec de petites épuisettes confectionnées sur place. Une fois de plus, j'admire le savoir-faire des Mayorúna. Ils obtiennent de la forêt tout ce dont ils ont besoin: viande, poisson, fruits, paniers, hamacs, armes...

Un vrai supermarché ! Sauf que le produit n'est pas usiné et qu'ils savent le transformer.

Les enfants hurlent de plaisir, s'aspergent et disparaissent sous l'eau blanchâtre lorsque les poissons retombent au fond. En aval, une chaîne d'hommes barre la rivière et ramasse le butin qui a échappé au groupe de pêcheurs. Cette technique de pêche, si ingénieuse soit-elle, me paraît tout de même discutable : de nombreux poissons, dont les plus petits, ne seront pas attrapés, ou négligés, et auront ainsi été tués pour rien. Voilà un coup porté à mon idéalisation du mode de vie indigène ! Au village, les poissons sont grillés ou fumés.

De toute la journée, je n'ai pas pensé une minute à Sven et me suis sentie simplement bien.

Avant de partir pour la Triple Frontière, Étienne cherche à obtenir quelques informations sur Sven Lindström. Il prend d'abord contact avec l'Institut Karolinska. Aucune étude sur la maladie de Chagas n'y est en cours. Trois chercheurs sont prénommés Sven. À tout hasard, Étienne note les patronymes des trois hommes : Falk, Lundqvist et Gunnarsson. Le nom donné par le lieutenant à Manaus est Lindström... Le Suédois – d'ailleurs est-il bien suédois ? – a menti à Pauline, usurpé une fonction qui inspire confiance. Que cachent cette fausse recherche et ce dispensaire au milieu de la jungle ?

Étienne recherche ensuite le propriétaire du bateau qui a conduit Sven et Pauline dans le hameau près de Coari lors de leur première excursion. Au port de Manaus, tout le monde se connaît et un gringo qui loue un recreio sans trop discuter les prix ne passe pas inaperçu. Zé Luiz raconte le voyage, l'intérêt de la jeune femme pour la nature, loue les connaissances linguistiques et pratiques du Suédois, omet de rendre compte des activités amoureuses du couple. Il ignore ce que cet homme venait chercher là. Monsieur Sven n'a passé que quelques heures dans le village et s'est entretenu longuement avec un des habitants, pendant que la jolie dame semblait découvrir la lune ou le paradis, tant elle s'extasiait devant le petit port du village ou la minuscule plantation d'erva doce. Si le mari veut interroger les caboclos de Nova Vida, il se fera un plaisir de l'y conduire sur un hors-bord rapide et après deux ou trois jours, si tout va bien, il sera de retour.

Les villageois racontent à Étienne que l'homme a cherché à leur voler quelque chose, une plante médicinale ou un champignon miraculeux, Étienne ne comprend pas bien. Le gringo est parti presque fâché, disant qu'il irait se fournir ailleurs. Se fournir de quoi? Étienne s'inquiète. Et si le prétendu chercheur s'intéresse aux champignons hallucinogènes... Pas de panique! Mais qu'est-ce que ce type est donc allé faire dans le Haut-Solimões? Que cherche-t-il là, qu'on ne lui a pas fourni à Nova Vida?

11

Au bord de l'affolement, Étienne embarque, début mars, dans un avion à destination de Tabatinga. Dans ses bagages, quelques «attentions», vin, cigares – il a retenu la leçon du chef de la police – un dictionnaire portugais-espagnol et une recommandation de l'INPA.

Il passe la douane entre le Brésil et la zone de sécurité nationale sans être contrôlé. Il doit donc demander à être reçu par un fonctionnaire. Le militaire qui lui répond est affable. Il lui offre un café, le questionne sur les lamantins, oui, c'est terrible, les pêcheurs sont devenus irresponsables et la police peine à mettre la main sur tous les malfrats qui contreviennent aux lois sur la protection des espèces, c'est comme pour les tortues,... Étienne ne pense plus à respecter les codes de la conversation amazonienne, il répond distraitement à l'officier, espérant que son intérêt marqué pour les espèces en voie de disparition faiblira faute de répondant : à propos, avez-vous entendu parler d'un couple qui... Bien sûr, rien n'est moins à propos, encore que... Le Suédois fait peut-être partie des fameux malfrats. Le fonctionnaire a passé aux félins et se félicite que l'armée ait créé un zoo pour eux dans les environs de Manaus. Étienne connaît ces enclos où des jaguars obèses regardent les visiteurs avec placidité. Est-ce vraiment la seule façon de conserver les espèces menacées ? Surtout ne pas aborder ce sujet, la conversation pourrait se poursuivre indéfiniment : à propos,... L'officier renonce enfin à ses préoccupations animalières : vous voulez parler de ce prétendu médecin et de sa... compagne.

Étienne est effaré : cet homme connaît tout de l'identité de Sven et Pauline, de leurs déplacements, de leurs contacts, de leurs activités. Il lui faut être diplomate s'il veut obtenir des informations utiles. Diplomate et « attentionné ». Pas de petit cadeau ici, il sent que ce ne serait pas bien vu, mais des éloges, des flatteries qui toucheraient le nationalisme de l'officier brésilien : je ne vous apprends rien, l'homme n'est pas suisse et peut-être pas suédois non plus comme il le prétend. Vos services d'informations sont très performants et vous devez savoir qu'il n'effectue aucune recherche académique.

L'officier est au courant, bien sûr. Il doit maintenant étaler un peu de son savoir. Oui, le Suédois pourrait être impliqué dans différents trafics en Colombie. Seulement vous comprenez, c'est très délicat, son business se déploie dans un autre pays, nous ne pouvons pas nous permettre d'incidents diplomatiques, la frontière est poreuse, et... Oui, je comprends, cependant ma femme demeure sur la rive brésilienne du Javari, qui est donc sous votre juridiction... N'allez pas si vite ! Vous savez, une Européenne qui vit dans des conditions qu'aucun Brésilien n'accepterait est suspecte, son intérêt pour les Indiens n'est sans doute pas gratuit. On la soupçonne elle aussi d'activités peu nettes. Ces gens, comme votre femme et son... ami, qui traversent les frontières comme si elles n'existaient pas, doivent avoir de bonnes raisons pour bouger tout le temps. Qui sait s'ils ne cherchent pas à exporter de l'art indigène vers les États-Unis pour couvrir un trafic de cocaïne ? Vous voyez, ça peut aller loin. De plus, votre femme est suisse, alors, diplomatiquement, encore une fois, tout ça est hautement problématique. D'autant plus qu'on n'a pas vraiment de preuves, seulement des suppositions assez solides.

Étienne ne proteste pas, ne jure pas ses grands dieux que c'est impossible, qu'il connaît sa Pauline, que l'autre encore, on pourrait imaginer que, mais que sa femme, non, non, impossible. Il doit rester calme, mesuré, conciliant :

je suis d'accord, alphabétiser des indigènes peut paraître louche, mais... Excusez-moi, mon cher Monsieur, mais qui vous dit qu'elle et son... ami n'ont pas découvert de l'or dans cette région ? Qui sait, en effet, vous avez peut-être raison, je vous promets que ma femme s'expliquera sur ses activités, mais il faudrait d'abord la retrouver. Sans doute, mais excusez-moi d'être direct : dans le meilleur des cas, votre femme s'est enfuie avec ce monsieur et se trouve actuellement en Suisse ou en Suède. Ou alors, mêlée à des trafics douteux, elle a été victime d'un règlement de comptes si vous voyez ce que je veux dire. Ou peut-être a-t-elle été enlevée par des Indiens, ça leur arrive fréquemment de venir se servir de femmes jeunes là où ils en trouvent. Dans tous les cas... Étienne l'interrompt. Il partira à la recherche de sa femme en suivant ses intuitions. Point barre.

C'est vous qui savez, commente l'officier sur un ton détaché. Remonter le Javari depuis Tabatinga en hors-bord rapide vous prendra seulement quelques jours, les eaux sont hautes en cette période et un moteur de 80 chevaux fera l'affaire. Il faudra vous arrêter à toutes les garnisons, dans l'ordre : San Fernando au Pérou, Palmeiras au Brésil et Angamos au Pérou de nouveau. Avec la recommandation de l'INPA et un passeport français, la progression se fera sans problème. Dans le pire des cas, on vous retiendra quelques heures pour vérifier vos dires et vos papiers. Je peux vous faciliter le passage à Palmeiras, nous sommes en contact par radio. De là, comptez bien deux à trois jours pour trouver le village où votre femme a eu la curieuse idée de s'installer. Étienne ne réagit pas. Vous faire accompagner d'un guide indigène serait une bonne idée. Comme vous le savez, personne n'a le droit de pénétrer dans les territoires occupés par les Indiens. Mais nous fermerons les yeux et ne nous opposerons pas à votre voyage. Seulement, vous comprendrez bien que nous ne pouvons pas vous assister techniquement en vous fournissant un bateau ou une avionnette. Retrouver une femme qui,... bref, ce n'est tout de même pas une affaire d'État. Étienne ne bronche pas.

Un petit conseil encore : avant d'organiser quoi que ce soit, prenez contact avec le gérant de l'hôtel Victoria Regia, à quelques kilomètres au nord de Leticia. C'est là qu'est descendu le..., enfin votre femme, lors de sa première visite par ici. Le Senhor James est un type louche mais très futé, il dispose d'un réseau important, et pourra peut-être vous trouver un avion à destination d'Angamos. Vous gagnerez ainsi une semaine. Et, avec un peu de persuasion, vous voyez ce que je veux dire, les Péruviens de la garnison mettront un bateau et un guide à votre disposition pour remonter le Jaquirana.

L'aversion d'Étienne pour Leticia est immédiate. La ville est laide, comme toutes les petites villes sud-américaines, laide et étrange, on se croirait dans un décor tropical pour film américain de série Z : passants trop bronzés, aux cheveux trop noirs, aux vêtements excessivement bariolés ; ambiance de western : beaucoup d'hommes sont armés d'un ou deux pistolets exhibés à la ceinture et cachent leur regard sous des lunettes de soleil foncées ; partout des palmiers rachitiques et des bars glauques. Il est fébrile, il lui semble qu'on le regarde comme si l'on connaissait son histoire, avec mépris et ironie. Il se sent suivi. Au port, il doit insister et payer une somme considérable pour qu'une lancha accepte de le déposer au Victoria Regia. Est-ce qu'on chercherait à l'empêcher d'entrer en contact avec le Belge ? Deviendrait-il parano ? Mais non, ils ne voient en lui qu'un touriste à gruger, rien de plus. Mais pourquoi cette hésitation à le conduire dans cet hôtel ? Les conducteurs de hors-bords ont longuement palabré entre eux, dans un espagnol trop rapide pour qu'Étienne ait pu comprendre quoi que ce soit, à part « gringo » et un mot répété de nombreuses fois et sonnant comme « baci-o ».

Le canot à moteur dépose Étienne au milieu du petit escalier qui conduit au bâtiment en briques où se trouve la réception. Tout est ouvert, mais aucun employé ne se manifeste. Étienne tape dans ses mains, appelle, maltraite la cloche du comptoir. Arrive finalement, en traînant les pieds, une métisse vêtue d'une longue blouse rose : cerrado, nadie, nadie, cerrado. Todo vacío. Étienne consulte son dictionnaire : cerrado-fechado, fermé, vacío-vazio, vide. Il insiste : James, James Lambert? Onde? Donde? Elle ne sait pas, hausse les épaules, puis semble vouloir secouer sa léthargie et faire quelque chose pour lui. Elle lui fait signe d'attendre, l'invitant à s'asseoir dans le lobby. Enfin apparaît un homme, métissé lui aussi, assez massif, peau très foncée, cheveux noirs frisés, yeux légèrement bridés. Le parfait représentant des habitants de l'Amazonie, pense Étienne, mélange de toutes les ethnies présentes ici. L'homme explique, en portugais, que l'hôtel a fermé pour rénovation. À Étienne, l'hôtel semble flambant neuf, pavement de marbre, mobilier design, comptoir en acajou brillant... Il explique à l'homme qu'il ne cherche pas une chambre, mais une jeune femme qui a séjourné ici huit mois auparavant. L'homme devient méfiant, regarde Étienne fixement, répète que l'hôtel est fermé, qu'on refait les salles de bains, qu'on...

Étienne sent sa patience s'évaporer. Se contenir, se contrôler, se calmer. Il explique que sa femme, qui a commencé un travail dans le haut rio Jaquirana avec une tribu locale, n'a plus donné de nouvelles, qu'il est inquiet, qu'il est à sa recherche, mais qu'il ne sait pas exactement où elle se trouve et qu'il a besoin de quelqu'un qui puisse le conduire là où elle est. Ce Monsieur James, par exemple, devrait le savoir. Où pourrais-je le trouver? Les questions sont directes. Étienne a oublié le rituel amazonien : d'abord parler des salles de bains, de l'INPA, de la Police Fédérale qui est au courant de ses démarches, non ne pas mentionner la police, ça pourrait faire peur au bonhomme.

Ce manquement aux coutumes locales laisse l'homme interdit, muet. Il profère enfin quelques sons incompréhensibles et finit par bafouiller: pois è, sei là, è que... Pour Étienne, c'est clair, il sait, mais comment obtenir des informations, une petite attention ne suffira pas, ou sera peut-être même contre-productive. L'homme est troublé, pourtant son regard ne fuit pas celui d'Étienne. Il a l'air d'un type honnête. Il faudrait peut-être l'émouvoir, le prendre par les sentiments. Alors Étienne raconte toute son histoire, son couple à vau-l'eau, son désir de tout reconstruire, son angoisse que sa femme, seule dans un village indigène, ait eu un accident ou soit malade, sa volonté de tout faire pour la retrouver. L'homme commence à se détendre, son regard se fait évaluateur, il se décide. Oui, je connais Dona Paula. C'est une femme tellement... c'est une femme bien. Si c'est vrai qu'elle a été abandonnée dans la jungle, il faut faire quelque chose. Je peux vous aider, mais il faudra être très prudents. Moi c'est Careca – poignée de mains ferme – je m'appelle Étienne.

Les deux hommes sortent du hall d'accueil et passent entre les bungalows désertés. Parce que, Monsieur Étienne, je risque mon job, moi, dans cette histoire. Si mon patron apprend que je vous ai parlé... Mais ne vous faites pas de bile, les affaires du Senhor James et du gringo n'ont rien à voir avec votre femme. Elle ne sait rien de leur business. Careca regarde autour de lui. Personne. Il veut bien transmettre au mari tout ce qu'il sait, mais il craint qu'on ne les voie ensemble. Il va le reconduire à Leticia. Là, Monsieur Étienne le paiera grassement et de manière que tout le monde voie les billets. Puis il prendra un taxi, réservera une chambre dans un hôtel et se fera ensuite conduire à Tabatinga, au parc Zoobotanico. De là, il ira à pied jusqu'à l'église adventiste de São Jorge et demandera où se trouve la maison de Careca.

Santa Sofia

Le temps passe à un rythme qui m'échappe maintenant totalement. Il ne m'est plus nécessaire de le compter ou de le marquer, il passe et c'est tout. Chaque jour ressemble au précédent et au suivant. Les différences sont infimes : un jour, on mange un tambaqui pêché dans le rio Jaquirana, le lendemain un singe dont les longs bras minces font penser à ceux d'un enfant. Malgré ou grâce à cette succession monotone des jours et des activités, je me sens bien. Heureuse ? Je ne sais pas. Adaptée, sereine, je fais mon travail. Cette vie est devenue ma vie et voilà tout. J'essaie de ne pas trop réfléchir à la suite et de dominer le mieux possible le sentiment d'oppression qui me saisit encore parfois ou celui de solitude, toujours présent.

Je n'attends plus Sven. Il m'a abandonnée ici avec quelques kilos de sucre et du lait en poudre, j'ignore pourquoi. Notre relation amoureuse était devenue tiède, en fin de parcours. Il avait tout fait pour me dissuader de l'accompagner. Mais est-ce suffisant pour me laisser toute seule, sans ravitaillement, ni possibilité d'appeler à l'aide ou simplement de donner de mes nouvelles ? Ce n'est pas cette situation que j'avais choisie en revenant à Santa Sofia... On était censés être deux à accomplir un travail, remplir un engagement. Mais qu'est-ce qui lui a pris ? D'accord, il a insisté pour que je l'accompagne à Angamos et j'ai refusé. Est-ce une raison pour me laisser tomber ? Je sais maintenant qu'il ne reviendra pas et n'enverra personne me chercher. Mais je n'ai au fond plus besoin de lui. Mes vivres « personnels » sont épuisés, très bien, j'ai appris à m'en passer, comme de lui. Et si un jour l'envie d'une tasse de café ou d'un morceau de fromage me tenaille, si je souffre trop de ma solitude, ou ne crois plus en ce que je fais, il me suffira de demander à Nakwa ou à Wani de me conduire à Angamos ou à Palmeiras. À tout moment je peux retourner vers Étienne, dans le monde des chotac. Cette certitude m'empêche de me sentir prisonnière ici : lorsque je suis tiraillée par des doutes ou envahie de nostalgie, je sais que j'ai vraiment le choix entre rester ou partir.

Oui, quel est le sens de mon séjour ici ? Vivre une expérience personnelle qui me confronte à mes limites psychiques et physiques ? M'engager pour une cause ? Avoir quelque chose de fort à raconter quand je retrouverai Étienne ou mes proches à Genève ? J'ai parfois l'impression de me dédoubler : à l'ombre d'un fromager, j'épluche du manioc avec mes compagnes et je me vois dans le regard de mes amis en Suisse ou dans celui d'Étienne. Ils observent mon travail et m'admirent : elle est tellement à l'aise au milieu de ces femmes si différentes d'elle et épluche ses racines de manioc avec un tel naturel ! Toujours ce besoin de reconnaissance... Aucun éblouissement de ce genre si j'épluchais des pommes de terre dans une vallée valaisanne...

La femme de Careca accueille très chaleureusement Étienne : Pauline adorait mes gâteaux à la noix de coco, j'en ai préparé pour vous. Étienne a hâte de passer aux choses sérieuses. Pourtant, il complimente la cuisinière, s'informe de la santé des enfants, admire le manguier du jardin et s'extasie devant la télévision toute neuve. Il a enfin assimilé l'art de la conversation dans sa version amazonienne. Puis il demande comment la famille a rencontré Pauline.

Careca s'installe avec lui sur la véranda et lui sert un verre de cachaça. Il travaille comme homme à tout faire à l'hôtel Victoria Regia. Lorsque des touristes y logent, il est chargé de les emmener dans la jungle voisine et de leur préparer quelques sensations fortes. Il sait très précisément où trouver un anaconda repu et immobile, qui digère paisiblement et, le soir, depuis une barque proche de la berge de l'Amazone, il attrape de petits caïmans à mains nues pour ébahir son public. C'est facile, avec une lampe de poche on repère leurs yeux, deux billes orange dont l'écartement donne une idée de la dimension de l'animal. Careca saute du bateau sur un caïman aux yeux rapprochés, lui bloque la mâchoire de ses deux mains et immobilise la queue de la bestiole entre ses jambes. Il peut alors déposer sa prise sur le bordage de la barque où crépitent les flashs, puis il la relâche, vivante et indemne. Les touristes sont ravis d'avoir pu approcher un monstre de si près, et dans son environnement naturel! Et lui, il gagne très bien sa vie: il demande vingt dollars par personne pour une expédition nocturne en barque de quelques heures. D'autres «guides» locaux organisent le même genre de sortie, mais ils attrapent les bêtes au harpon et les rejettent à l'eau, blessées ou mourantes. Il faut dire que le job n'est pas sans danger, et Careca montre à Étienne le dos de sa main droite striée de cicatrices. Un énorme caïman souffrait d'un fâcheux problème esthétique: ses yeux étaient très proches l'un de l'autre pour un animal d'un tel gabarit et Careca ne s'était pas méfié. La force du monstre était telle qu'il n'avait pas réussi à lui maintenir la mâchoire fermée. Heureusement, les dents de la bête avaient glissé sur le dos de sa main, lui évitant ainsi une morsure bien plus grave.

Donc, Careca promène les touristes de l'hôtel, ou jardine, ou va au ravitaillement. Un travail agréable, mal payé par le patron, mais les touristes sont généreux quand on leur donne leur content de frissons. C'est lui qui était chargé d'accompagner Dona Paula où elle le désirait. Elle n'avait pas besoin de lui pour des tours en forêt, elle y allait avec son... je veux dire avec le Suisse. Suédois, ne peut s'empêcher de rectifier Étienne. Oui, avec le Suédois et un Brésilien appelé Venilto, homme de confiance du patron, qui s'occupe des clients VIP.

Santa Sofia

Fournir une aide, un appui à cette communauté abandonnée de tous, est-ce là une mission qui fait sens? En ai-je seulement défini les contours, la durée, les objectifs ? Jusqu'à quand vais-je rester ? Dès que ces questions émergent, je me sens envahie par une profonde culpabilité. Les Mayorúna m'ont adoptée, ils attendent certainement quelque chose de moi, mais quoi ? J'apprends une langue pour alphabétiser une dizaine d'enfants et communiquer avec une trentaine de personnes. Un effort colossal, mais dans quel but ? Est-ce que je vais passer le reste de ma vie ici, dans l'idée utopique que je contribue à la préservation de cultures pourtant déjà condamnées ? Ne serait-il pas plus utile, forte de ma connaissance du terrain, de retourner dans mon monde pour témoigner, prendre contact avec la presse, des ONG et des parlementaires, exiger avec eux la délimitation des terres indigènes et défendre le droit des peuples autochtones à y vivre à leur guise ? Et je ne parle pas du dispensaire mis en place par Sven. Tout le monde est en bonne santé. J'utilise très peu la pharmacie. L'autre jour, un homme s'est fait piquer par une fourmi tucandeira. La douleur était terrible. J'ai ouvert un tube de gel anesthésiant... C'est tout. Quant aux furoncles dus aux poux, j'ai appris aux adultes à résorber l'infection avec des compresses d'eau très chaude.

Ces questionnements sont éprouvants et j'essaie de les refouler. Si mes doutes m'envahissaient, ce serait le signe qu'il faut partir, que mon élan « missionnaire » est retombé et que je n'ai plus rien à faire ici. En attendant, je me sens très seule avec mes réflexions et essaie d'y voir un peu plus clair en les consignant dans ce cahier, compagnon muet pas très stimulant.

Careca est embarrassé. Comment parler du gringo ? Le Senhor Sven est un ami de longue date de mon patron. Il fréquente le Victoria Regia depuis des années. Quand il est arrivé dans la région, il avait l'air du parfait touriste : chapeau de brousse sur la tête et énorme appareil photo sur le ventre. Il a sans doute très vite été en affaires avec le

Senhor James. Quelles affaires ? Careca baisse la voix : pas nettes, comme sûrement tout le business du patron de l'hôtel. Cocaïne ? Bois précieux ? Animaux protégés ? Careca ne sait pas, mais ces deux-là sont cul et chemise. Parfois des types plutôt louches venaient boire un whisky au bar de l'hôtel. Leurs échanges avec le patron finissaient toujours dans l'un des bungalows. De l'argent circulait ? Careca ne sait pas. En juin de l'année passée, un peu avant l'arrivée du couple, je veux dire de Dona Paula et du Suédois, Venilto était monté en grade. Il semblait être devenu le bras droit du Senhor James, vivait dans un des bungalows, était tout le temps là. Venilto parle bien sûr le portugais, mais aussi l'espagnol, comme tout le monde dans la région des Trois Frontières, et un peu d'anglais. Il est bien plus qualifié que moi. Cet été-là, les touristes s'étaient faits rares à l'hôtel. Est-ce que le Senhor James avait augmenté les tarifs ou ne voulait plus les groupes ? En tout cas, quand Dona Paula et le Senhor Sven sont arrivés, ils étaient les seuls clients. C'était Venilto qui accompagnait le patron et ses deux clients dans leurs expéditions. Il connaît très bien la région et sait se déplacer dans la jungle. Ce qu'ils y faisaient, Careca n'en a aucune idée. Dona Paula voulait découvrir la jungle, mais les autres... ?

Careca reprend son souffle. Après une dizaine de jours, Venilto a emmené Dona Paula et le Senhor Sven quelque part sur un affluent de l'Amazone. Ils sont revenus deux semaines plus tard, ont récupéré leurs bagages et sont repartis en avion pour Manaus. Depuis, Careca n'a revu ni l'un ni l'autre. Il a aperçu quelques fois Venilto à l'hôtel du Senhor James, mais pas récemment, en tout cas pas depuis que l'établissement est fermé et qu'il en est le gardien. Vous êtes sûr que le Senhor Sven a quitté le village mayorúna et n'y est pas retourné ? Et vous n'avez pas reçu de nouvelles directes de Dona Paula depuis six mois ? Oui, c'est inquiétant. Et si cet homme, ce Sven... ? Je ne voudrais pas vous inquiéter encore plus, mais ici tout est possible. D'ailleurs, c'est aussi possible qu'elle vive tranquillement au fond de la forêt avec des Indiens... Ici, tout... Bon, je ne sais pas quoi vous dire.

Étienne n'arrive pas à imaginer sa Pauline suivre un mafieux dans la jungle. Non, cette piste est idiote. Tout autant que celle qui voudrait que le couple se soit enfui en Europe. Pauline le lui aurait annoncé, par radio, lettre ou télégramme, au cas où elle n'aurait pas eu le courage de l'affronter directement, mais elle le lui aurait dit. Étienne ne voit qu'une chose à faire : prendre contact avec Venilto, Sven ou le patron de l'hôtel, ou avec tous les trois, afin d'en obtenir des informations directes. Or, selon Careca, ils se sont volatilisés : il ne les a plus rencontrés depuis bien deux mois. Inutile de demander à la police colombienne de faire une recherche pour les localiser, elle est encore plus corrompue que la police brésilienne et couvre probablement les activités illégales des trois types.

Careca, en confiance, devient moins prudent et donc plus précis. Ici, on vit du tourisme, un peu, mais surtout du trafic de cocaïne, très actif dans la région. On pratique aussi le braconnage d'animaux protégés : tortues, ocelots, serpents, caïmans... Et un trafic n'empêche pas l'autre... Si Dona Paula vit toujours dans le Haut-Javari, pour la retrouver il faut aller là-bas. Mais en Colombie et au Brésil, personne ne vous aidera. Qui s'intéresse à une Blanche paumée dans la jungle ? Venilto et le Senhor Sven savent exactement où elle est. Mais ils ont disparu. Les militaires péruviens d'Angamos connaissent certainement sa localisation. Moyennant quelques billets, ils vous procureront sûrement un guide. Je peux vous conduire à la garnison. Les militaires connaissent Dona Paula, je suis sûr que les officiers vous donneront un coup de main. Si on remonte le Javari depuis son embouchure, donc en longeant la frontière entre le Pérou et le Brésil, il faut compter dix à douze jours de pirogue à moteur pour arriver à Angamos. Avec un horsbord puissant, et comme il y a assez d'eau, quatre à cinq jours devraient suffire. Maintenant, c'est à vous de voir, le prix n'est pas le même.

Depuis quelques jours, la communauté est agitée. Les hommes discutent pendant des heures, assis sur leurs talons au milieu de l'aire. Quand je demande ce qui se passe, personne ne me répond et les femmes affirment ne rien savoir. Les enfants sont curieux et plus bavards. Auprès d'eux, je parviens à glaner quelques informations : une très grande pirogue arrive, avec des étrangers qui toussent, des hommes poilus, des femmes comme Noêmia, des enfants qui crient. Les chasseurs de Santa Sofia se déplacent parfois très loin. Ont-ils rencontré les membres du groupe qui a fait sécession ou ceux d'une autre ethnie qui leur auraient parlé d'une « grande pirogue » ? Les nouvelles circulent vite et bien entre les communautés. Si un bateau rempli de chotac navigue dans la région, les hommes de Santa Sofia sont à juste titre très inquiets : les familles qui voyagent sur ce bateau vont bien descendre quelque part. Où donc ? Les hommes craignent sans doute une nouvelle invasion.

12

Careca ne veut pas se montrer avec le Français. Dans cette région, tout le monde surveille tout le monde, par désœuvrement, par méfiance, pour tenir informés les militaires, la police, les narcotrafiquants de tout déplacement ou prise de contact. Étienne négocie seul le prix de location d'un hors-bord, charge les barils de fuel. Y aura-t-il assez de combustible? On lui a affirmé qu'il pourra s'en procurer dans les garnisons. Il achète les denrées et les petites attentions recommandées par Careca. Pressé, tendu, il négocie mal et se fait rouler.

Les deux hommes embarquent le soir tombé à Tabatinga. En quarante minutes, à petite vitesse et phare allumé pour éviter les troncs flottant sur l'Amazone, ils rejoignent Benjamin Constant où ils passent la nuit chez un cousin de Careca. Située à la confluence du rio Javari et de l'Amazone, l'agglomération subit en ce début de mois d'avril une montée des eaux inquiétante. Toute la partie basse de la bourgade est sous l'eau. Les habitants des maisons inondées construisent des plates-formes successives au-dessus du plancher de base. Finalement coincées sous le toit, les familles finissent par s'abriter dans les écoles et les gymnases réquisitionnés pour elles. Des passerelles relient les maisons encore habitables. Chaque jour, des gens y transportent qui un frigo, qui une cuisinière vers les terres hautes. Les maisons abandonnées sont pillées. Détritus et rejets humains, chats crevés flottent sur l'eau. Malgré les avertissements donnés par le haut-parleur de la mairie, les enfants se baignent dans les rues inondées qui sont devenues des égouts à ciel ouvert. On craint des épidémies : typhus, dysenterie, hépatite, diphtérie, la population n'est pas toujours vaccinée et l'unique pharmacie manque de tout. Sans compter les noyades de petits mal surveillés. Après un mois de cauchemar, l'eau commencera à descendre, mais à la décrue succédera un nouvel enfer : tous les détritus, excréments, animaux morts pourriront au soleil sur la terre qui s'assèche et les épidémies seront incontrôlables.

Le lendemain, les deux hommes commencent à remonter le Javari. Ils devront être très prudents : en période de crue, le Javari charrie des arbres déracinés et de nombreux troncs et branches. Ils passent devant Atalaia do Norte, puis s'arrêtent à San Fernando sur la rive gauche du rio. La garnison péruvienne est située sur une terre haute, il faut grimper le long de la falaise. Ils arrivent tout essoufflés devant une guérite où un soldat contrôle leurs passeports et les interroge sur leur périple. Lorsqu'il apprend qu'Étienne est à la recherche de sa femme suisse, le militaire devient très aimable. Il trouve l'histoire romantique et mentionne les vaches suisses acclimatées, célèbres dans toute la région. Les deux hommes sont gratifiés d'un Coca-Cola et de tous les vœux du militaire pour un voyage sans problème.

La rivière n'est que méandres. On avance, mais la distance mesurée en ligne droite est infime. Parfois, on repère la courbe suivante à travers le rideau d'arbres serrés, mais le plus souvent, la vue s'arrête aux racines aériennes qui plongent dans la rivière et aux troncs solides qui ont enfoui les leurs dans le sol. Ici, une petite plage sablonneuse, douce et accueillante, repose l'œil fatigué par tant de monotonie. Et là, lorsque la forêt est moins dense, on peut apercevoir des étangs en demi-lune, semés par le rio lors de ses capricieux déplacements. Ombre et lumière, forêt et eau, vert et bleu rythment le parcours. Un dauphin rose exhibe son dos brillant, fend l'eau et ressaute un peu plus loin. Un groupe de jacarés somnolent sur une plage ensoleillée. Malgré son impatience et son inquiétude, Étienne est bouleversé par la beauté et la magie des lieux.

On passe devant un village indigène bâti sur une terre haute. Alertés par le bruit du moteur, tous les habitants se sont massés face au rio : un bateau qui navigue sur cet affluent de l'Amazone est un spectacle rare. Ils font des signes aux deux hommes qui leur répondent sans s'arrêter.

Plus loin, dans un poste de la Fondation nationale de protection des Indiens, la FUNAI, le fonctionnaire en charge leur demande d'accoster. Ils ne peuvent refuser, l'homme a une fonction officielle. Il s'occupe d'un groupe de Kanamarí, indigènes totalement acculturés, dont le mode de vie ne diffère en rien de celui des caboclos de la région. Comme eux, ils vivent misérablement de la vente de peaux, de la confection de quelques balles de caoutchouc et de bois abattu au profit d'un entrepreneur de Benjamin Constant. Ils bénéficient cependant du soutien de la FUNAI : le fonctionnaire contrôle les prix fixés par l'entrepreneur et veille à la santé de la communauté. Mais il n'a plus d'antipaludéens ni d'antibiotiques, est-ce que par hasard le gringo… Le gringo n'a que des aspirines, qu'il offre généreusement.

L'employé est négligé, barbe non taillée, vêtements sales et en loques. Il ne supporte plus ni les indigènes, ni sa vie solitaire au milieu de la forêt, et a demandé son transfert vers un poste moins isolé, sans réponse pour le moment. Il ne pense pas qu'il tiendra encore longtemps et se promet de partir avant de devenir fou. Il lorgne les barils de fuel avec intérêt et se dirige vers sa cabane. Careca enclenche le moteur et le pousse à pleine vitesse. Il est persuadé que l'homme est allé chercher son fusil et a l'intention de leur voler leur précieux combustible. On dormira dans le bateau un peu plus haut, c'est plus sûr que le poste de la FUNAI et à peine moins confortable. Étienne n'est pas naïf et connaît plutôt bien la jungle, sa sauvagerie, et les difficultés d'y vivre. Il est cependant surpris par l'extrême méfiance de Careca et trouve que celui-ci exagère.

Le Brésilien répète qu'au milieu de la forêt, tout peut arriver. Des hommes, des femmes, des enfants disparaissent. Tués ou enlevés. Certains sont retrouvés dans un village indigène isolé. D'autres ont été dévorés par un caïman noir ou mordu par un serpent. Les riverains racontent que des jeunes femmes, séduites par des dauphins, les suivent au fond de la rivière. Et puis, la jungle est un espace de non-droit. Les conflits s'y règlent à coups de machette ou de fusil. Les cadavres pourrissent vite dans ces climats très humides et les jaguars rôdent. Sans protection, personne n'ose témoigner.

Careca aborde un sujet encore plus sensible, dont il ne faut pas parler trop haut et qui explique certaines disparitions: des hommes sont assassinés parce qu'ils cherchent à fuir leur patron. Étienne a entendu parler de quelques cas. Les bûcherons ou les seringueiros travaillent au plus profond de la forêt amazonienne pour le compte d'un entrepreneur qui leur fournit à tempérament les outils nécessaires à leur activité: machette, godets pour récolter le latex, fourneau pour le fumer, hache, scie, victuailles. Un bateau, propriété de l'entrepreneur en question, sillonne régulièrement les fleuves et les rivières et leur livre pratiquement à domicile des vivres et autres marchandises de première nécessité. Le produit de leur travail devrait théoriquement leur permettre de rembourser l'investissement de base avancé par l'entrepreneur, ainsi que les marchandises achetées à crédit. Or, les denrées vendues ont été surfacturées à des caboclos ignorants et la plupart du temps analphabètes. En outre, les besoins au fond de la jungle, même s'ils sont modestes, augmentent avec le temps: cachaça et tabac pour l'homme, talc et shampoing pour sa femme, friandises pour les enfants, toutes marchandises facturées trois ou quatre fois le prix déjà élevé pratiqué à Benjamin Constant.

L'arrivée du recreio du patron est une fête. Les travailleurs et leurs familles l'attendent avec impatience. On entend son moteur bien à l'avance et l'on se précipite sur les berges avant qu'il n'accoste. On achète de la farine de manioc, base de l'alimentation du caboclo, et du poisson séché quand la pêche n'a pas été bonne. Et puis, sucre et sel manquent… La facture grossit, le caboclo en perd le compte, le marchand pousse à la consommation. Si la petite a de la fièvre, le père achète un comprimé d'antibiotique au prix d'un kilo de riz. Un seul suffira et pour la santé des enfants, on ne compte pas, n'est-ce pas ? Finalement, le caboclo doit une somme telle que son travail, même acharné, même au mépris de sa santé et de la survie des hévéas, saignés à mort, ne suffira jamais à éponger sa dette. Mettre de l'argent de côté pour un saut en ville ? Personne n'y songe. Toute la force de travail du bûcheron ou du seringueiro est consacrée à la dette. Jamais il ne réussira à épargner un cruzeiro pour lui. Le voilà lié à sa route de caoutchouc ou à la société d'exploitation du bois pour la vie. Et ses enfants hériteront de la dette après lui, condamnés à la même existence que leur père. Sans issue possible, à moins de fuir. Le servage, ou plutôt l'esclavage, ont été généralisés en Amazonie brésilienne à l'époque du boom du caoutchouc et n'ont pas disparu depuis.

Ainsi, poursuit Careca, le caboclo est prisonnier de la jungle et de son patron. Parfois, il s'enfuit. Très souvent, le patron le retrouve assez vite et le punit comme on punit un esclave. Il est battu et ramené à ses hévéas. Si le fuyard ne s'est pas perdu dans la jungle ou n'a pas été repéré et dénoncé, s'il arrive à rejoindre une petite localité, il est abattu par l'un des sbires du patron, présents partout. Rares sont les rescapés qui peuvent informer et témoigner. D'ailleurs, qui s'intéresse aux caboclos esclaves ? Et, surtout, qui a le courage d'affronter les entrepreneurs qui disposent, sur tout le territoire, d'hommes de main pour qui la vie vaut ce qu'on les paie pour l'éliminer ? Le journaliste ou le membre d'une ONG qui s'aviserait de rechercher le caboclo disparu finirait très vite comme lui : prétendument noyé, dévoré par une bête féroce ou transpercé par la lance d'un Indien... Ni la police ni l'armée n'enquêteront.

Étienne est devenu tout pâle. Sa passion pour les doux lamantins lui avait fait oublier les hommes et leurs turpitudes. Et si sa Pauline... Careca le rassure : Dona Paula est en de bonnes mains avec les Indiens. À moins que... Il se tait. À moins que les Indiens ne soient menacés...

Le commandant de la garnison de Palmeiras se souvient bien de Pauline et de Sven. Ce n'est pas tous les jours que des voyageurs passent par là. Et très rarement des gringos éduqués. Oui, les échanges avec la garnison toute proche d'Angamos sont fréquents. On organise, ici ou là, des matchs de foot où s'affrontent les nationalismes, des fêtes aussi parfois, le tout dûment arrosé. Mais à part quelques officiers égarés dans ces parages, la soldatesque n'est pas une compagnie très excitante. Alors, quand un couple d'étrangers débarque, c'est la fête. On parle ensuite de leur passage pendant des semaines, chaque jour amenant une nouvelle information ou une nouvelle rumeur qui circule, enfle et prend une dimension presque mythique. Parfois, un anthropologue ou un linguiste, rattachés aux universités de Rio ou de São Paulo, séjournent pour quelques brèves périodes dans les deux ou trois villages du Haut-Javari où vivent une poignée d'Indiens plus ou moins civilisés. Mais les deux gringos sont bien plus intéressants. À vrai dire, personne ne comprend leurs motivations. Qu'est-ce qui les pousse à parcourir la jungle dans tous les sens ? Selon les militaires d'Angamos, les deux aventuriers auraient découvert une mine d'or du côté du rio Lobo. Le commandant de Palmeiras en doute fort. Quand on vit longtemps dans la région, on ne croit plus à l'Eldorado. La Petrobras y a fait des forages : pas de pétrole. Des orpailleurs s'y sont aventurés. Ils sont revenus paludéens, bourrés d'amibes, les pieds pleins d'œufs d'oestre, mais les mains vides. Donc, non, le couple ne campe pas sur une mine d'or. Mais c'est tout de même étrange que des gens instruits et habitués au confort occidental s'enterrent dans cette région insalubre, très isolée et dangereuse. Ils y ont un intérêt, c'est sûr. Il n'y a pourtant rien à espionner, et que pourraient-ils bien faire qui menacerait la sécurité nationale ? S'ils sont en contact avec des Indiens, c'est peut-être qu'ils veulent acheter et vendre de l'artisanat indigène, ce qui est totalement interdit au Brésil. Nous protégeons nos minorités !

Étienne a beau peindre sa femme en idéaliste, à la fois infirmière et enseignante, le commandant ricane. Il lui est manifestement impossible de concevoir que l'on puisse choisir de vivre dans cette région sans y chercher un profit matériel. S'il pouvait quitter ces lieux... Mais un militaire est investi d'une mission qui ne se discute pas ! Quant à l'autre, l'homme, le Sueco, il serait de mèche avec un entrepreneur de la région qui cacherait un trafic de drogue sous des affaires apparemment légales. Ce businessman, étranger lui aussi, James quelque chose, serait en contact avec un commerçant brésilien qui se propose d'installer des familles de seringueiros sur des terres censément inhabitées, plus ou moins là où doit se trouver la senhora.

Étienne fait valoir qu'il travaille pour une institution du gouvernement brésilien et sollicite l'aide du commandant pour retrouver sa femme. Le militaire est catégorique : rien ne justifie un appui de l'armée. Si l'armée intervenait chaque fois qu'un gringo se perdait dans la jungle... Et puis, votre femme, a-t-elle appelé à l'aide ? Qui vous dit qu'elle veut quitter ses Indiens ou son compagnon ? Vous savez, honnêtement, j'ai de la peine à saisir comment une idéaliste peut s'acoquiner à un type louche et... Étienne, cramoisi, se lève brusquement.

Tout autre scénario à Angamos : les officiers péruviens, très vieille école, reçoivent Étienne comme un ministre. Apéritif de bienvenue, chambre confortable avec moustiquaire et ventilateur, dîner somptueux : tortue, venaison et haricots, en boîte, mais tout de même. Tous les commensaux sont en habit de sortie, galons dorés, médailles, cordons, et le service est assuré par des soldats cérémonieux, serviette immaculée au bras. Comment réussissent-ils à maintenir un tel niveau d'accueil, sophistiqué et tellement classe ? se demande Étienne, un peu mal à l'aise dans son jean et son polo froissé. Les militaires brésiliens, eux, étaient débraillés et mal rasés. Et leur accueil extrêmement décontracté, c'est le moins qu'on puisse dire. Un rafraîchissement et trois biscuits. Rien de plus. Aurait-on conservé, au Pérou, la nostalgie des magnifiques uniformes des officiers indépendantistes ? Il est vrai que San Martín et Bolívar sont omniprésents dans les villes péruviennes. Au Brésil, nulle guerre d'indépendance, quelques conflits armés modérés, peu d'officiers iconiques, juste Benjamin Constant Botelho de Magalhães et un empereur qui hésitait entre une identité portugaise ou brésilienne.

Après des nuits d'inconfort et des heures sans fin de navigation, assis sur une banquette en métal, Étienne est enchanté de la réception organisée en son honneur, de sa chambre douillette et du repas royal. En mal de conversation, les officiers tout dorés et galonnés échangent avec Étienne idées et impressions. L'on s'étend sur la paix entre les nations et la vie culturelle à Paris ; on compare Manaus et Lima.

Patience... D'abord leur donner le plaisir d'un échange mondain entre personnes cultivées, leur permettre de jouer une scène de la vie sociale qu'ils ont perdue, leur laisser l'illusion que la civilisation ne s'est pas arrêtée à l'entrée de la jungle. Puis, « À propos... » Le commandant écoute Étienne avec attention et confirme que, début septembre, le Señor Sven et la Señora Pauline, accompagnés d'un guide, ont fait une brève halte à Angamos. Ils ne se sont pas arrêtés comme lors de leur première visite, se sont annoncés, ont salué, c'est tout. Ah et la señora a demandé des nouvelles d'un certain Daniel. J'étais censé m'occuper de récupérer pour lui de l'argent qu'un entrepreneur lui devait. Mais après quelques jours passés ici, il est parti seul à pied. Par la suite, on a raconté dans la région qu'il avait approché un campement de bûcherons. Il aurait été violé, puis tué. Il faut dire qu'il avait un drôle de physique. C'est-à-dire ? Étienne a de la peine à maîtriser un haut-le-corps. Banaliser un tel crime de cette manière est tout simplement abject. Le commandant en arrive à la dernière visite de Sven. Mi-novembre, le Señor Sven est revenu à la garnison sur une pirogue de fabrication indigène. Il était accompagné de trois Indiens. Très nerveux, il voulait savoir si nous avions vu son employé, un métis brésilien, et si celui-ci avait laissé son bateau à la garnison. Fait troublant, ce type et le bateau du gringo n'avaient pas été signalés par les sentinelles, peut-être avaient-ils passé devant la garnison de nuit et sans phare.

Enfin, l'officier aborde la disparition du Suédois. Quelque temps avant l'arrivée du Señor Sven Lindström, j'avais reçu un mandat d'amener à son nom. Il fallait le conduire au commissariat de police d'Iquitos le plus vite possible. Le Señor Sven n'a pas protesté, a acheté des vivres, aidé les Indiens à les charger sur leur pirogue et les a renvoyés dans leur village. Accompagné de deux soldats, il est monté à bord de notre avionnette, direction Iquitos. Mais oui, bien sûr, on lui a demandé pourquoi sa… collaboratrice n'était pas avec lui. Elle finit un travail et va sans doute arriver chez vous dans quelques jours, a-t-il répondu. Oui, c'est vrai, plus de quatre mois ont passé, la jeune femme n'est pas venue, mais, Señor, comment voulez-vous que j'intervienne ? On est au Pérou ici, je ne peux tout de même pas envahir le Brésil avec mes soldats pour rechercher une Suissesse dont je ne connais ni les activités ni les intentions. Mais l'officier est embarrassé, se cache derrière des généralités : vous savez, les régions frontières sont problématiques, voire dangereuses, à tout moment un petit incident peut dégénérer. Actuellement, tout est calme ici, mais il suffirait que l'on découvre des richesses dans le sous-sol de l'un des deux pays pour que la frontière soit remise en question. Si les militaires brésiliens apprenaient que mes soldats font des incursions de leur côté du fleuve, ils penseraient immédiatement qu'on y a découvert du pétrole ou des sables aurifères et qu'on cherche à envahir leur pays.

Face à l'inquiétude du mari, à son courage, le commandant admet que, oui, quitte à créer un incident diplomatique, il aurait peut-être pu ou dû envoyer quelqu'un en douce dans le village mayorúna, afin de s'assurer que tout allait bien pour la jeune femme ou pour la sortir de là le cas échéant. Il aurait dû, la Señora Paula était charmante, elle avait illuminé de sa grâce toute la garnison, mais où exactement envoyer une équipe de recherche ? Le soldat qui les avait accompagnés lors de leur première expédition en juillet n'était plus en service. Comment dénicher un village le long d'un fleuve extrêmement tortueux, aux multiples petits affluents, et bordé d'une végétation très dense ? Le commandant, de plus en plus gêné, veut réparer sa négligence. Il fournit Étienne en vivres et combustible, lui prête un fusil, et met à sa disposition un guide indigène de l'ethnie Cocama, qui saura repérer la moindre trace de présence humaine le long de la rivière. Un soldat les accompagnera, chargé de veiller à leur sécurité, donc solidement armé.

Étienne n'est pas du tout à l'aise. La recherche de sa femme est en train de devenir une expédition militaire. Pénétrer dans un village indigène armé jusqu'aux dents est stupide, inutile et totalement contreproductif. Comment demander des informations fiables accompagné d'individus armés ? Il refuse l'escorte, mais accepte avec reconnaissance l'aide du guide cocama. Puis il rejoint Careca, qui a dîné avec les soldats à la cantine. Le Brésilien le met au courant de ce qui se dit dans la garnison. Quelques semaines auparavant, des bruits ont couru qu'un groupe important de travailleurs du bois et du caoutchouc, avec femmes et enfants, allait arriver dans la région. Depuis, on les a vus passer devant le poste de contrôle de San Fernando, du côté péruvien du Javari. Ils ont dépassé ensuite sans encombre le poste de Palmeiras, mais ne se sont pas arrêtés à Angamos. Ceux qui les ont aperçus parlent d'une dizaine de familles, installées pour le voyage sur une balsa, espèce d'immense radeau sur lequel on peut monter des tentes de fortune. Ils avaient l'air dépenaillés et en mauvaise santé et étaient accompagnés d'hommes armés. Selon des informations reçues de Palmeiras, ces gens auraient été engagés par un entrepreneur brésilien, viendraient de l'Acre, auraient descendu le rio Juruá, puis remonté le Solimões et le Javari. Après deux mois de navigation sur environ 5 000 kilomètres de fleuves divers, ils devraient maintenant être arrivés dans le haut rio Jaquirana, donc tout près de là où doit se trouver Dona Paula. L'entrepreneur, un certain Petrônio Meireles, a, dit-on, promis à ces familles très pauvres de bonnes conditions de travail, un dispensaire, une école, et un territoire vierge de toute occupation indigène.

Dix familles, cela représente près de cent personnes qui vont s'installer par ici, voilà qui ressemble à une invasion, commente Careca, et il prédit rixes et morts. Comme ce sont des Brésiliens, engagés par un Brésilien et qu'ils vont s'installer au Brésil, les Péruviens ne bougeront donc pas, même si… Rixes, viols, assassinats, vengeances. Dans la région des Trois Frontières tout se règle violemment. C'est comme ça! Et si ce Meireles avait éliminé Dona Paula, témoin d'une invasion et prête à porter plainte? Selon Careca, pour Meireles, cette disparition ne poserait aucun problème. La forêt est dangereuse, surtout pour une Européenne sans expérience, et l'entrepreneur se croit ou est même au-dessus des lois. En effet, il se peut que le gouvernement brésilien ait conclu un accord avec lui. Il vaut mieux que les régions frontières soient occupées par des caboclos contrôlables et soumis que par des Indiens qui n'en font qu'à leur tête et ne comprennent rien à la notion de pays. Et Careca, dont les origines indigènes se réveillent parfois, renchérit : et puis, ces caboclos pourraient bien tuer quelques Indiens, ce serait toujours ça de gagné pour les nations brésilienne et péruvienne. Étienne sent que son estomac se contracte, la tortue et l'alcool ne passent plus. Il voudrait partir immédiatement, mais il lui faudra attendre le lever du jour.

Le hors-bord repart. Careca, conducteur expérimenté, évite troncs et branchages avec dextérité. Lors de cette nouvelle étape, Étienne ne voit de la forêt que ce qu'elle a d'anxiogène : arbres resserrés, lianes étouffantes, racines tordues de douleur, eau noire et lugubre. Le guide cocama s'est installé à l'avant du bateau. Il scrute la forêt. Étienne lui propose ses jumelles, il hausse les épaules. Manifestement, on ne repère pas un village indigène de cette façon. Le soir, bivouac sur les berges du fleuve. Étienne refuse que Careca sorte le fusil du bateau. Le Brésilien rigole : je le prends juste au cas où on rencontrerait un jaguar ! En bon chasseur, il sait qu'une telle rencontre est très improbable. Mais dans ces parages, mieux vaut être armé.

Peu à peu le fleuve se fait plus étroit. Lorsque le bateau frôle les berges, il faut se baisser, écarter les branches. L'embarcation glisse sous les lianes, évite les racines aquatiques. Étienne n'a pas le cœur à admirer les étincelants et gigantesques papillons bleus qui volettent autour d'eux. Le courant devient plus puissant. Toujours rien, nada, profère le guide. Le jeune Cocama fait parfois signe d'arrêter le moteur, il tend l'oreille, son regard perce la muraille verte. Plus de papillons, mais de toutes petites tortues, alignées sagement sur une branche qui surplombe la rivière. Au passage de la barque, elles sautent à l'eau dans une chorégraphie approximative, deux, puis trois, puis les quatre dernières. Le guide est tendu, totalement concentré. Son visage n'exprime rien de particulier, mais tous ses muscles sont contractés, son corps est comme un ressort prêt à se projeter en avant. Son regard se glisse derrière les troncs, pénètre dans l'épaisseur de la végétation. Que voit-il ou qu'entend-il ? Il ne dit rien, fait signe de ralentir le rythme de la progression.

Le bateau s'arrête un instant devant un rideau de racines et de lianes. Careca et le guide cocama échangent quelques mots. Étienne ne voit rien. La pirogue poursuit sa route, s'arrête, continue. Careca désigne des broussailles à Étienne : celui-ci n'aperçoit toujours rien. Traces hommes, pas animaux, affirme le guide. Peu à peu, même Étienne repère des signes de vie de plus en plus nombreux : là, des êtres humains ont installé un gros tronc d'arbre en équilibre entre la rive et un arbre inondé, afin de pouvoir pêcher plus commodément. Et ici, oui, ici, une plage a été nettoyée des buissons qui devaient la recouvrir en partie. L'espace est net, propice au bain, au lavage des ustensiles ménagers ou des vêtements. De la plage, un chemin abrupt conduit à une terre haute non inondable. On attache l'embarcation à un arbre et les trois hommes grimpent le long de l'escarpement.

Étienne s'arrête, stupéfait : trois énormes maisons, entourées de plus petites, sont disposées en demi-cercle autour d'une large place. On s'attendrait à y voir des enfants jouer, des hommes et des femmes vaquer à leurs tâches. Or, le village est désert, pas de fumée, aucune odeur, pas un bruit. À l'arrivée des trois hommes, les oiseaux aussi ont cessé de chanter. Les habitants se sont peut-être cachés en nous entendant arriver, suggère Étienne. Le guide cocama hoche la tête, incrédule. Il fait signe aux deux hommes d'être silencieux et de le suivre. Étienne réalise qu'ils ont laissé le fusil dans la pirogue, c'est sans doute mieux ainsi. Les malocas sont vides : les hamacs ont été emportés, les feux éteints. Deux des malocas semblent avoir été inutilisées depuis un certain temps. Dans la troisième, le guide cocama est formel, les morceaux de braise sont encore grands, les habitants ont dû décider de partir rapidement, interrompus au milieu de leurs activités. Ils n'ont laissé aucun produit comestible, l'eau des grandes jarres est trouble, ils sont partis depuis... le jeune Cocama claque son pouce contre son médium plusieurs fois... Dieu seul sait s'ils reviendront.

Étienne est accablé. Il y a peut-être plus loin un autre village. Sa femme ne vivait pas dans celui-ci. Et pourquoi sont-ils partis? L'endroit est beau et idéalement situé. Puis il repense aux rumeurs concernant un radeau plein de colons. Careca, jamais avare d'une explication dramatique, se demande si les Indiens n'auraient pas, hélas,... Ça suffit, l'interrompt sèchement Étienne. Et l'arrivée de colons dans la région, qu'en faites-vous? Qui sait, insiste Careca, je vous l'ai dit, ici tout est possible, même des choses qui ne correspondent pas à votre logique de Blancs.

Le guide furète ici et là. Il pénètre dans les petites maisons sur pilotis. Appelle Étienne. Du haut de l'échelle qui mène à une vaste pièce, Étienne aperçoit un sol jonché de papiers que le vent a probablement éparpillés. Ils sont couverts de lettres, de mots, de suites de mots. Étienne les ramasse, essaie de lire, ne comprend rien. Parmi les feuilles volantes, un carnet noir. Étienne le saisit, le retourne, l'ouvre, feuillette les dernières pages. Et pleure.

13

Il y a peut-être une semaine, nous avons vu passer devant le village une énorme barge, traînée par deux bateaux à moteur. Elle transportait des dizaines de familles, des quantités de tonneaux, caisses et paniers, et remontait lentement le rio Jaquirana. Les passagers, protégés du soleil par des toits de palmes séchées, avaient l'air épuisé et en très mauvais état. Un contact avec les Mayorúna pourrait s'avérer dramatique : ces gens sont certainement porteurs de toutes sortes de germes contre lesquels les indigènes n'ont pas d'anticorps. Quelques hommes du village sont allés épier les envahisseurs. Les familles commencent à s'installer en amont de l'ancienne piste d'atterrissage de la Petrobras, pas très loin d'ici.

Dix ans avant l'arrivée de Pauline à Santa Sofia, en 1972, la Petrobras, la compagnie pétrolière nationale brésilienne, a prospecté tout le long de la rive droite du rio Jaquirana. N'ayant pas trouvé de pétrole, la compagnie s'est retirée, laissant une piste d'atterrissage à l'abandon. Pendant la période de prospection sismique, on a utilisé d'énormes quantités d'explosifs et de très nombreux sentiers ont été ouverts dans la jungle. Vu les conditions difficiles d'accès, un bal d'hélicoptères a transporté sur place les tiges de forage, les moteurs, ainsi que des maisons préfabriquées. Des hydravions ont amené des centaines de travailleurs.

Face à ce chaos, de nombreux Mayorúna ont fui à l'intérieur des terres. D'autres, plus curieux, se sont approchés des ouvriers, ont été contaminés par des virus inconnus d'eux et ont transmis la grippe ou la rougeole à leurs proches. Des centaines de Mayorúna ont ainsi succombé à des épidémies au début des années 70. Les survivants du groupe de Santa Sofia s'étaient enfuis sur la rive péruvienne du Jaquirana et ne sont retournés dans leur village de la rive droite que plusieurs années après le départ des employés de la Petrobras. Le souvenir des effrayantes détonations, des masses de travailleurs qui pénétraient dans la forêt, des virus mortels introduits par ces hommes, du gibier qui fuyait était encore très vif. D'abord les bombardements de l'armée péruvienne dans les années 60, puis les forages à l'aide d'explosifs dans les années 70, voilà de quoi forger un traumatisme durable...

À l'embouchure de la rivière Esperança, les colons abattent des arbres pour aménager une clairière dans la forêt. Des maisons seront bientôt construites. Beaucoup plus près de Santa Sofia, des hommes se sont déjà installés dans des cabanes de fortune et commencent à ouvrir des chemins reliant les hévéas à saigner. Les Mayorúna se réunissent. Ils se sentent menacés, expriment colère et peur. Ils décident de se rendre auprès des travailleurs les plus proches. Pour parlementer ? leur faire peur ? les chasser ? Je crains le pire, d'autant plus que les quelques hommes désignés pour cette expédition préparent leurs armes: gourdins, arcs et flèches. Ils me demandent de les accompagner pour traduire. J'irai, mais je tremble de peur.

*
*　　*

C'était la fin de l'après-midi, les seringueiros fumaient le latex récolté pendant la journée. À l'arrivée de notre groupe, épouvantés, la plupart d'entre eux se sont enfuis. Deux hommes plus courageux, ou parce qu'ils m'ont repérée, racontent qu'ils sont une centaine, qu'ils viennent de Rio Branco, dans l'Acre, que plusieurs d'entre eux, dont des enfants, sont morts au cours des deux mois de voyage. On leur a promis des terres et du travail dans une zone sans Indiens... Ils n'ont en réalité qu'une envie : travailler et vivre en paix. Leur patron se nomme Petrônio Meireles. Il va construire une piste pour ses avions qui transporteront ici d'autres familles de seringueiros. Les deux hommes ont expliqué calmement qu'ils venaient chercher ici une vie meilleure, tout en jetant des coups d'œil inquiets à mes compagnons. J'ai essayé de leur faire comprendre que ces terres étaient, comme ils pouvaient le constater, occupées par leurs propriétaires légitimes et qu'ils feraient mieux de quitter les lieux. S'ils s'obstinaient à rester, les choses pourraient mal tourner. Pendant que je leur exposais ce que je pensais être le point de vue des Mayorúna, mes compagnons ont fouillé les cabanes et se sont approprié haches, bassines, couteaux et machettes. Aux yeux des Mayorúna, il ne s'agit pas d'un vol : ils sont chez eux. « Vol », menaces et aucune voie de sortie : où pourraient bien aller ces familles ? L'entrepreneur Meireles, après avoir dépensé beaucoup d'argent pour les faire venir, n'allait pas les ramener à domicile ! Le futur s'annonce sombre...

*
* *

Une agitation fébrile s'est emparée du village. Les hommes fabriquent quantité de flèches. Ils en durcissent les pointes au feu et ornent l'autre extrémité de plumes pour leur garantir vitesse et précision. Les femmes tressent ou tissent des fibres. Préparatifs de guerre. Préparatifs de fuite. Je ne sers à rien. Seule l'extrême tension qui règne ici et m'a gagnée m'empêche d'exploser de peur.

Étienne, assis à l'entrée de la maisonnette, les pieds sur l'échelle, plongé dans sa lecture, fait un vague signe à Careca qui s'éloigne en compagnie du guide cocama.

Cet après-midi, le bruit d'un moteur hors-bord puissant nous a alertées. Les hommes étaient partis chasser, seules les femmes se trouvaient au village avec les plus petits des enfants. Quatre individus ont pénétré comme chez eux dans le village. Lunettes noires, chapeau de cow-boy, colts à la ceinture. L'accoutrement du mafieux, du trafiquant, du tueur à gages. Les gangsters nous ont toisées de haut, ont feint de ne pas me remarquer et, décontractés et comme indifférents, sont entrés dans les maisons, piquant ici quelques bananes, là quelques baies d'açaï. Ils devaient savoir qui j'étais et ont fouillé avec soin mon école. Ils ont probablement réalisé que je n'avais pas de radio : impossible donc pour moi d'appeler à l'aide. Ils sont repartis sans dire un mot. Je sais qu'ils reviendront et, si nos hommes sont présents, ils seront plus agressifs. J'avais déjà peur de représailles après notre visite aux colons et la confiscation de leurs biens, mais là, je commence à me sentir au bord de la panique. Je veux partir, et le plus vite possible. Nous devons tous partir, pour éviter un affrontement qui peut tourner en massacre. Que vont décider les Mayorúna ? Qui abandonnera les autres pour me conduire à Angamos ? Je ne veux pas mourir ici, pour rien, laissant mes proches dans une horrible incertitude.

*
* *

Ils sont revenus. Avec Meireles. Plus nombreux. Armés, prêts à tout sur un simple ordre de leur chef. Les intérêts de cet homme dans la région doivent être considérables pour qu'il vienne en personne discuter avec une femme blanche sans défense. Craint-il qu'une bavure lui nuise ? Croit-il que je remplis ici une fonction officielle ? Il n'a pas demandé qui était le chef du village, ni cherché à parler aux hommes. Peut-être que ce genre d'individu ne condescend pas à traiter avec des sous-hommes. Ma voix n'était pas très assurée quand j'ai déclaré que ces terres appartenaient depuis toujours aux Mayorúna et qu'il existait des lois pour en interdire l'accès. Il m'a fait miroiter tout le bénéfice que les Indiens de Santa Sofia tireraient de son entreprise et m'a proposé d'aller avec lui examiner les lois de plus près. Il allait venir me chercher, nous prendrions son hydravion et irions ensemble parlementer avec la FUNAI. Nous trouverions certainement un accord qui éviterait tout conflit. Il souhaite construire une piste d'atterrissage sur le site du village, endroit idéal – les Indiens s'installent toujours sur les meilleures terres – ici une magnifique terre haute non inondable qui domine le fleuve. Il prétend avoir acheté toutes les terres situées sur la rive droite du Javari et en être donc le propriétaire légal. Il s'engage à aider les Indiens à se reloger, à leur fournir du travail, des soins, etc.

J'ai dit que je devais réfléchir, que l'idée me paraissait excellente et que j'essaierais de convaincre mes amis. Il n'y a rien à réfléchir, il ment, il me balancera de l'avion en vol, c'est sûr. Il connaît certainement les lois, mais ici, loin de tout, c'est lui qui décide et les hommes de son espèce décident par la force. Que vaut la vie d'une trentaine d'Indiens et d'une femme blanche face au profit, au progrès, au travail pour tous ? Les terres indigènes lui sont officiellement interdites ? Peu importe. Il les occupera sans état d'âme, affrontera l'éventuelle résistance des Mayorúna en les détruisant, eux et les témoins gênants de leur liquidation. Et il ne sera pas inquiété.

Le choix des Mayorúna est simple : rejoindre la garnison militaire la plus proche où les attend désespoir, alcool et prostitution ; devenir les esclaves de Meireles et pour bon nombre d'entre eux mourir des maladies apportées par les colons ; ou fuir au plus vite en abandonnant des terres que l'on ne peut pas défendre. Que vont-ils décider ? Et moi ? Si je reste, Meireles se débarrassera de moi d'une manière ou d'une autre. Rejoindre la garnison avec eux tous ? Criminel. Fuir avec eux ? Un saut effrayant dans le vide.

L'écriture de la dernière page est à peine déchiffrable.

Cette fois c'est la fin. Les jagunços étaient de nouveau là ce matin à l'aube, sans leur maître. Ils ont dégainé leurs pistolets, menacé les hommes. Certains que nous allions paniquer et nous enfuir, ils ont tiré en l'air en rigolant. La destruction du village est programmée. NOTRE destruction est programmée. Meireles va nous laisser combien de jours ? Il faut partir. Tout de suite.

Étienne est anéanti, mais s'obstine. Il faut continuer les recherches. Le jeune Cocama l'en dissuade. Entrer en contact avec les colons ne servirait à rien, personne ne sait où les Mayorúna ont fui. Et où se diriger dans cette immensité ? Autant chercher... Oui, je sais, une aiguille dans une botte de foin ! Étienne, entre désespoir et besoin d'agir est devenu nerveux, irritable. Il reviendra, c'est certain, mais le guide indigène a raison. Pour retrouver sa Pauline, il lui faudra des appuis plus considérables qu'un homme à tout faire et un jeune Cocama. Alors d'abord alerter la FUNAI, les parlementaires, la presse, l'Église,... et faire cesser l'invasion, en espérant le retour des Mayorúna et de Pauline une fois les colons chassés du territoire indigène.

Étienne reprend donc son voyage en sens inverse cette fois, comme à reculons. D'abord Angamos, remerciements, récits, on attend de lui un peu d'animation, une anecdote amusante. Étienne n'a pas le cœur à plaisanter. Careca raconte alors l'expédition en détail. Il rajoute un caïman géant par ici, un quasi naufrage par là. Les militaires péruviens sont ravis. On n'a pas été généreux avec le gringo pour rien. Étienne mentionne le journal de bord de Pauline et questionne les officiers. Meireles ? Non, ce nom ne dit rien à personne. Le convoi de colons ? Oui, on l'a vu passer, mais on ne l'a pas retenu. Ici, on surveille la frontière, mais du côté péruvien. Si ledit Meireles ne s'installe pas chez nous, ce n'est pas notre problème. Et puis, on exagère toujours ces histoires d'invasion, de rixes, d'enlèvements. Dans ces solitudes, on aime bien gonfler les événements, ça divertit... Ces racontars servent parfois à légitimer une intervention militaire lorsque l'on veut modifier le tracé d'une frontière ou bombarder en toute bonne conscience quelques villages indigènes. Actuellement, ici, on ne veut pas de problèmes. Personne dans la région des Trois Frontières ne vous écoutera ni n'interviendra pour arrêter Meireles et son convoi. D'ailleurs, ce type doit bénéficier d'une protection en haut lieu.

Le commandant est certain que l'invasion des terres indigènes couvre une activité bien plus lucrative que l'extraction du latex. Production ou trafic de drogue sans aucun doute. Mais les activités mafieuses au Brésil ne sont pas de son ressort. Par sa présence, la garnison est censée dissuader trafiquants, braconniers et autres envahisseurs de ce côté-ci du fleuve, c'est tout. Étienne comprend pourquoi les militaires s'ennuient. On se croirait chez Buzzati. Ils attendent un événement qui bouleverserait leur routine, mais ils n'en connaissent ni la nature ni le timing. Ils occupent le terrain, sans plus. Inactifs, passifs, obéissants, ils enregistrent le temps qui passe. Et il passe très lentement. L'officier a-t-il perçu le jugement d'Étienne? Il admet explicitement son impuissance: concernant ces différents trafics, chaque pays a sa propre stratégie, réprime parfois, laisse faire le plus souvent, ou même collabore. Tout le monde le sait, mais, *por favor*, je ne vous ai rien dit. Vous l'aurez compris et j'en suis vraiment désolé: au Pérou, on ne fera rien pour votre femme.

À Palmeiras, les officiers brésiliens haussent les épaules. Vos Sven, Meireles et autres n'opèrent pas sans protection et celle-ci vient de très haut. Tout le monde le sait, inutile de le répéter. Étienne comprend vite que les militaires de la garnison brésilienne n'interviendront pas sans ordre venu de Brasilia. Le commandant lui conseille de se rendre dans la capitale et de tenter d'y constituer un groupe de pression. De nombreux sénateurs, députés, journalistes, anthropologues et certains mouvements liés à l'Église catholique sont engagés dans la protection des indigènes. Croyez-moi, ceux qui prétendent que nous vivons sous une dictature militaire ne savent pas de quoi ils parlent. Nous autorisons toutes sortes d'enquêtes et de protestations à la seule condition qu'on ne touche pas à la Sécurité nationale. Et votre femme n'est mêlée à rien de politiquement subversif, n'est-ce pas ?

Au poste de la police des stups, à Leticia, les fonctionnaires colombiens peinent à contenir leur amusement. Vous rêvez, cher Monsieur ! Tous les trafiquants opérant dans la région nous sont connus, mais il est pratiquement impossible de les arrêter. Leurs avocats sont excellents et extrêmement bien payés, leurs affaires contribuent au développement du district, donc la population locale les soutient s'ils ne sont pas trop sanguinaires. Quand votre Meireles séjourne ici, il dépense beaucoup d'argent en filles et en alcool, probablement en drogues aussi, mais qui peut le prouver ? Personne ne vous aidera en Colombie, le terrain où vous voulez vous aventurer est totalement miné. Tout le monde le sait, mais personne n'en parle. Je vous le dis parce qu'au fond votre ignorance vous rend sympathique. On ne rencontre plus guère d'idéalistes comme vous et votre femme dans cette zone. Conseil d'ami : abandonnez votre recherche, ces types sont dangereux, ou alors, confiez-la à bien plus fort que vous.

Étienne ne se laisse pas décourager. Il a besoin d'informations fiables pour étoffer la dénonciation de l'invasion et se lancera sur la piste des hommes mentionnés dans le journal de Pauline sans plus faire appel aux autorités, police, armée, douaniers, tous inutiles et corrompus... À Tabatinga, un des contacts de Careca lui confirme que Meireles achète et vend bois précieux et caoutchouc. Il serait associé au Belge James Lambert, propriétaire de l'hôtel Victoria Regia. S'il cherche un terrain propice à la construction d'une piste pour ses avionnettes, ce n'est pas pour transporter du bois ou des balles de caoutchouc! Ce serait absurde et ridicule! Les cours d'eau transportent ces marchandises à bon compte: on assemble les troncs abattus pour former un radeau sur lequel on entasse le caoutchouc. Quelques hommes guident le convoi de rivière en rivière jusqu'à l'Amazone et aux scieries. Pas besoin d'avionnettes! Par contre, pour d'autres marchandises, peaux d'animaux protégés, feuilles de coca ou poudre, une piste d'atterrissage dans la région est idéale: on a là trois frontières, sans parler de la proximité avec la Bolivie et l'Équateur.

On raconte, mais là l'informateur a ses doutes, que Meireles cherche à construire un centre de raffinage de la coca dans la forêt vierge. Quoi qu'il en soit, la zone est parfaite pour tout type d'activité illégale: isolée, difficile d'accès, pratiquement inhabitée et sans contrôle étatique... Meireles aurait d'autre part engagé un aventurier yankee pour prospecter le long du Jaquirana et évaluer les possibilités d'y construire une piste d'atterrissage. Le gringo était accompagné d'une femme blanche, on se demande bien pourquoi. Comme couverture à ses repérages?

L'informateur de Careca n'apprend rien de nouveau à Étienne, en tout cas rien qui le mette sur la piste des hommes qu'il recherche. Aucun d'eux n'a été revu dans la région. Meireles n'a pas réapparu dans les bordels du coin, le Belge a fermé son hôtel sous prétexte de le restaurer et Sven Lindström n'est plus passé ni à Leticia, ni à Tabatinga depuis belle lurette. Quant à Venilto, il se trouve à Iquitos avec un groupe de touristes et on ne sait pas quand il sera de retour. Étienne hésite. Les quatre hommes auraient-ils rendez-vous dans cette bourgade péruvienne? Devrait-il s'y rendre aussi ? Mais que faire s'il les retrouve ? Les conseils du policier colombien ont peu à peu entamé l'obstination du jeune homme. Mieux vaut être prudent et ne pas se mêler à toute cette histoire de trop près.

Et Pauline ? Étienne n'arrive plus à l'imaginer heureuse au milieu de ses petits protégés. Il ne la voit plus, ou la voit malade et prisonnière de la forêt. Rongé par des questions sans réponses, toutes plus angoissantes les unes que les autres, il tourne en rond, oppressé et impuissant, et finit par admettre que sa présence dans le Haut-Solimões ne sert à rien. Conclusion : tout le monde se fiche des indigènes et de sa Pauline. Corollaire : Meireles, dans cette région, est invulnérable. Étienne est ainsi la seule personne à pouvoir ou vouloir le dénoncer, lui et l'invasion des terres mayorúna. Il décide de continuer ses démarches à Manaus. Peut-être y a-t-il là moins de corruption et qui sait si les autorités locales, face à l'invasion, ne l'aideraient pas cette fois à dénoncer Meireles et à rechercher sa femme. Peut-être…

Or, juste avant qu'il ne monte dans l'avion de Tabatinga pour Manaus, un incident va modifier ses plans. Les préposés brésiliens, en charge du contrôle de tous les déplacements dans la zone de Sécurité nationale, l'arrêtent au passage de la douane intérieure et lui confisquent son passeport. Le document n'est pas en ordre, il a trois jours pour quitter le Brésil. Il pourra toujours essayer d'obtenir un nouveau visa depuis chez lui en France ou depuis une capitale sud-américaine. Un vol pour Iquitos est prévu dans quelques heures, de là il pourra gagner Lima ou les États-Unis. En attendant, on lui apportera un snack dans la salle d'attente de l'aéroport. Ce n'est pas le grand luxe, mais il y sera très bien.

Poussé plutôt que conduit hors du hall de l'aérodrome, Étienne tout d'abord résiste et proteste, ton posé et logique imparable : il a un permis de travail, on l'attend à l'INPA, il doit y avoir erreur. Le préposé ne répond pas, la pression sur l'épaule d'Étienne augmente. Étienne monte le ton : vous n'avez pas le droit, je suis un citoyen français en règle, j'appelle mon Institut et vous allez voir ce que vous allez voir. Face à l'impassibilité absolue du fonctionnaire et la pression de plus en plus forte sur son dos, Étienne comprend qu'il n'y a rien à faire. Il feint d'accepter la proposition de vol pour Iquitos et le snack en salle d'attente et avance lentement vers la sortie du hall. Devant la baie vitrée qui donne sur le tarmac, une file de passagers locaux et de touristes attendent le départ du vol pour Manaus. Le garde a relâché son étreinte, Étienne lui échappe et se précipite vers les étrangers qui, pour patienter, montrent à leurs voisins leurs précieuses acquisitions : sarbacanes miniatures, coiffes en plumes pour nains de jardin... Il crie, appelle à l'aide, les militaires lui ont volé son passeport, il est français,... Il donne son nom, demande que les touristes avertissent son ambassade, l'INPA, la presse : un chercheur français, agréé par le gouvernement brésilien, est victime de potentats locaux... Les voyageurs regardent le jeune homme avec inquiétude, un Américain sort un calepin de sa poche et prend des notes à la hâte. La porte menant sur le tarmac s'ouvre, Étienne se mêle aux passagers médusés et se dirige avec eux vers l'avion. Dans le hall, les fonctionnaires de la douane ne bronchent pas.

À l'aéroport de Manaus, Étienne réalise qu'il est observé ostensiblement par trois grands types solides, costard noir, lunettes noires, clope au bec. Étaient-ils aussi dans l'avion ? Les a-t-on dépêchés ici de Manaus même, à la suite d'un message radio envoyé de Tabatinga ? Qui sont-ils ? Des hommes à la solde de Meireles ? Des militaires ? Sur l'aire réservée aux taxis, plus une voiture : il faudra attendre. Les trois hommes sur les talons, Étienne arpente le hall de l'aéroport, de plus en plus désert. Les passagers de son vol, accueillis par des proches ou pris en charge par un taxi, ont peu à peu quitté les lieux. Seules trois ou quatre personnes attendent encore leurs bagages devant le tapis roulant. Il est près de minuit. Les lunettes noires sont une carte de visite : fonctionnaires véreux ou tueurs, ils surveillent et attendent le bon moment. Le bon moment pour quoi ? Manifestement, ils veulent éviter un nouveau scandale à l'aéroport et attendent patiemment que le jeune homme s'aventure hors du hall pour l'appréhender. Toujours pas de taxi. Que faire ?

Sur le tableau d'arrivée des vols, aucun avion n'est annoncé, peu de chance que les taxis reviennent. Étienne commence à transpirer, sa chemise se colle à son dos. Aborder l'un des passagers encore présents et lui demander un lift ? Et s'il refuse ? Sa bouche devient sèche. Sur le tableau des départs, le numéro du dernier vol, destination Brasilia, clignote. L'avion est prêt à décoller. Étienne sent son pouls s'accélérer, il ne réfléchit plus, se précipite, suivi des trois sbires, vers le dernier guichet encore ouvert. Un billet pour Brasilia, s'il vous plaît. Désolée, Monsieur, c'est trop tard, et l'avion est plein. La voix d'Étienne tremble, oppressé il respire mal. S'il vous plaît, j'ai des ennuis, regardez ces hommes. Étienne tend sa carte de paiement. L'hôtesse de terre jette un coup d'œil aux types à lunettes, saisit d'une main un téléphone, de l'autre la carte. Une petite porte s'ouvre derrière elle : «Courez, on vous attend.» Les hommes en noir se ruent vers la jeune femme, trois billets et vite. Désolée, l'avion est complet.

Dans l'avion, tout essoufflé, Étienne, une fois de plus, est observé de la tête aux pieds par des voyageurs étonnés. L'hôtesse a-t-elle juste fait son travail ou a-t-elle accepté de prendre des risques, connaissant la situation politique de son pays, où règnent répression et arbitraire ? Arrivée dans l'avion elle aussi, souriante, elle lui rend sa carte de paiement et lui donne son billet. À la peur a succédé un immense soulagement. Étienne respire à fond, son cœur reprend son rythme normal. À travers le hublot, les lumières de Manaus clignotent encore un peu, puis disparaissent, laissant place à la nuit profonde de la forêt amazonienne.

14

À Brasilia, il s'agira d'être prudent et efficace. Plus vite l'invasion des terres mayorúna sera dénoncée, plus vite Étienne sera à l'abri des hommes de Meireles. Et si cette affaire prend de l'ampleur, qui sait si l'on n'organisera pas une expédition afin de retrouver Pauline ? La dénonciation doit donc circuler le plus rapidement et le plus largement possible. Il faut également que les militaires du Haut-Solimões sachent que le mari dispose d'appuis dans la capitale fédérale. En premier lieu, Étienne prend contact avec les groupes de défense des peuples indigènes liés à l'Église : ils savent exactement quels journalistes et quels parlementaires contacter et sont extrêmement bien organisés. Le CIMI (Conseil Indigéniste Missionnaire) prend l'affaire en charge et loge Étienne dans un appartement sécurisé.

Le jeune chercheur, plongé brutalement dans la réalité, s'est réveillé. Il savait bien que l'extinction annoncée des lamantins était liée à la pêche illégale, mais il n'avait pas réfléchi plus avant. Pêche illégale, oui, mais aussi chasse illégale, exploitation illégale du bois, du caoutchouc, le tout dans des réserves naturelles et des territoires indigènes interdits... Les lamantins, et non les gens, l'avaient poussé à venir affronter la touffeur des régions équatoriales. Il réalise qu'il ignore presque tout de la réalité dans laquelle il vit depuis plus de quatre ans. Des populations indigènes, il ne connaît que ce qu'en racontent des collègues peu informés qui colportent des histoires d'infanticides ou d'agressions contre les Blancs, sans parler des indigènes condamnés à jouer aux Indiens pour survivre. Et de la population amazonienne en général, il ne sait rien, hormis qu'elle fournit la main-d'œuvre de l'INPA et les domestiques chez les expatriés. Maintenant il voit enfin plus large : la corruption, le développement à n'importe quel prix, la poigne dictatoriale, les lois d'exception, tout participe à la destruction des biotopes et à l'anéantissement des populations indigènes.

« *Notre destruction est programmée. Il faut partir tout de suite.* » Étienne repense aux dernières lignes du journal de Pauline. A-t-elle accompagné les Mayorúna dans leur fuite ? Menacée par les hommes de main de Meireles, s'est-elle enfuie de son côté ? Étienne n'imagine pas sa femme seule sur une pirogue ou dans la forêt. Quoique... Au fond, que sait-il d'elle, de son aptitude à vivre dans des conditions extrêmes, de ce qu'elle a appris auprès des Mayorúna ? Son journal témoigne d'un côté aventureux et d'une capacité d'adaptation qu'il ne lui connaissait pas. Son projet a été pesé et réfléchi. Elle n'avait pas une idée précise de ce qui l'attendait, mais elle était prête à assumer son choix. Le scientifique rationnel et cartésien commence à mieux saisir qui est Pauline. Il la savait révoltée par l'injustice, la misère, l'obscurantisme, et comprend maintenant que ces états d'âme qu'il trouvait exaltés l'ont conduite à un engagement dont il ne la croyait pas capable. Et maintenant elle avait disparu, seule au milieu de la jungle, ou morte peut-être. Seule ? Elle n'était pas seule. Étienne reprend espoir. Ses hôtes l'auront protégée. Elle est vivante.

Brasilia est l'antithèse de Manaus. Autant le climat de l'une est sec, autant celui de l'autre est humide. Dans la capitale fédérale règne l'ordre. La luxuriance tropicale a fait place à des quartiers d'habitation tous semblables, cernés par de larges avenues où l'on circule selon les normes occidentales : pas d'excès de vitesse, pas de klaxons intempestifs. Un quartier entier abrite la culture de masse : immeubles commerciaux et cinémas ; un autre, le gouvernement : ministères et cathédrale.

Les journalistes, anthropologues, députés et ecclésiastiques qu'Étienne rencontre sont cultivés, ouverts, aimables, efficaces. Le monde sauvage et l'arbitraire semblent bien loin! Une dénonciation de l'invasion des terres mayorúna dans le Haut-Javari est immédiatement mise sous presse. L'Église active ses réseaux, soutenue par les anthropologues, et l'affaire suit son cours. Étienne a fait ce qu'il fallait pour la défense des protégés de sa femme. Si tout va bien, Meireles ne construira pas son aéroport et les colons devront partir. Reste Pauline...

Mais Pauline n'intéresse personne, ou alors à titre anecdotique. Quant à son carnet noir, il n'a aucune valeur anthropologique, ressemble à la fois à un compte rendu de voyage et à un témoignage, et n'est en rien une dénonciation circonstanciée. C'est un journal intime, reflet plus ou moins fiable des états d'âme d'une femme engagée du côté des indigènes. Des illuminés prêts à sauver le monde, on en compte un grand nombre dans ces régions encore partiellement inexplorées, où le soleil est implacable...

Quelques personnes manifestent pourtant un peu d'empathie. Étienne est invité à dîner chez un couple d'anthropologues, très fiers de leurs photos illustrant le rituel d'initiation des jeunes filles Tikuna. Une fois pubères, elles sont maintenues en réclusion plusieurs semaines, parfois des mois, jusqu'à ce qu'une cérémonie d'initiation soit organisée. Là, vous voyez, leurs cheveux sont arrachés un à un. Après la fête, elles seront intégrées au groupe des femmes. S'ensuit un long exposé sur la défense de traditions culturelles qui nous semblent barbares, mais sont un ferment de cohésion sociale... Étienne passe également un week-end dans la finca d'un sénateur : piscine alimentée par des monstres en laiton, musique dans toutes les pièces et meubles de style Louis XV. Poliment, Étienne complimente le goût de ses hôtes pour les meubles anciens. Mais non, ils sont tout neufs, proteste Madame, vexée... Il comprend vite qu'aucun de ses hôtes ne se mobilisera pour l'aider à retrouver sa femme.

Un député lui fournit cependant un appui solide. Grâce à quelques relations haut placées, il réussit à lui procurer une lettre de recommandation qui lui permettra de retourner dans la région frontière du Haut-Solimões sans être inquiété par les militaires ou la police fédérale. Ceux-ci sont également sommés de lui rendre son passeport.

Le désespoir d'Étienne a fait place à un sentiment de vide. Pendant plus de trois mois, sa vie a été entièrement consacrée à la recherche de sa femme. Pour quel résultat ? Nulle trace, aucune information. Rien. Et maintenant ? Retourner auprès de ses lamantins ? Il n'en a ni l'envie, ni l'énergie. Rechercher Pauline est devenu son unique obsession. Il veut la retrouver et la retrouvera. Pour cela, il faut localiser le Suédois. Cet homme lui fournira peut-être des informations qui ne figurent pas dans le journal.

Mi-mai 1983, à Leticia, Étienne attend Sven Lindström. Il interroge les réceptionnistes des hôtels, passe régulièrement au poste de police. On lui a garanti que le gringo serait de retour sous peu. Les jours passent. Une semaine. Deux semaines. Toujours rien. À Manaus, Étienne s'était habitué au temps des expatriés, un peu lent, mais au rythme tranquille et plein. Dans la petite ville colombienne, enfermé dans sa chambre d'hôtel d'où il ne sort que pour aller aux nouvelles et manger, il se sent sombrer. Ici, le temps est à l'arrêt ou, plutôt, tourne sur place comme une toupie. Chaque jour est pareil au jour d'avant et au jour suivant. Rien ne se passe, rien ne change, rien ne bouge. Lever du soleil à six heures, coucher à six heures. Entre temps, rien. Juste attendre, manger, dormir. Le temps atmosphérique est également d'une monotonie accablante. Tous les jours il fait beau et chaud, tous les jours il pleut une heure ou deux.

Careca lui a recommandé d'être patient : surtout ne rien précipiter, ne rien provoquer s'il veut des informations fiables. Depuis des années, le gringo disparaît, puis réapparaît, aussi régulièrement que le soleil après la pluie... Étienne est de plus en plus inquiet, fébrile. Et amer. Et s'il ne revenait pas ? Je suis complètement décalé ou c'est les gens d'ici qui sont à côté de la plaque ? On me sourit aimablement : attendez encore, ne soyez pas si pressé, demain est un autre jour, les choses finissent par arriver si on y croit très fort. Attendez et faites confiance à la vie... Je comprends pourquoi ici rien ne se crée ni ne se développe. Foi et attente. Est-ce une philosophie de vie héritée de la sagesse indigène ? Une paresse atavique due à la chaleur ? Une justification pour ne rien faire ? Il faut dire que cette terre fournit presque tout : poisson, gibier, fruits, manioc. Pourquoi faire des efforts ? Et pour qui rêve de compléter les ressources ordinaires, le trafic de cocaïne permet d'acheter une télévision à deux ou trois programmes, une voiture pour frimer sur vingt kilomètres de route plus ou moins asphaltée, l'air conditionné qui ronfle dans la villa, des tenues sexy pour Madame et les incontournables Ray-Ban pour Monsieur...

Début juin, Careca annonce à Étienne que le Suédois est de retour. Pas au Victoria Regia, toujours fermé pour d'improbables rénovations, mais à l'hôtel Heliconias, situé en plein centre-ville.

15

Dans un coin discret du patio de l'Heliconias, Étienne découvre un beau parleur plein d'énergie, et qui raconte une histoire très différente de celle qu'il a servie à Pauline. Il n'est en effet ni médecin, ni chercheur, mais passionné de botanique, et s'intéresse tout particulièrement aux plantes médicinales et à leur utilisation par les populations indigènes. Autodidacte, amateur éclairé, aventurier sans doute... Il est venu de nombreuses fois dans la région et a eu accès très facilement aux villages indigènes en Colombie ou au Pérou. Aucune loi dans ces deux pays ne protège les indigènes des orpailleurs, des seringueiros, ni des touristes et autres cinéastes en quête de populations exotiques. Le Suédois reste très factuel, ne parle que de lui et de ses problèmes. Pas un mot sur Pauline.

Au Brésil, les zones habitées par les populations autochtones sont interdites. Seules les entités étatiques y ont accès. Si l'on suspecte des richesses dans le sous-sol ou si l'on a besoin de ces terres pour y placer des colons, le gouvernement autorisera une prospection ou fermera les yeux sur une invasion. Les individus qui s'aviseraient de défendre les droits des peuples natifs sont, eux, poursuivis. Certains linguistes et anthropologues sont parfois autorisés à y effectuer une recherche académique. En outre, régulièrement, un ou deux photographes internationalement connus ou des personnalités politiques d'envergure pénètrent dans la seule réserve réellement intouchable du pays, le parc indigène du Xingu, qui sert de vitrine au gouvernement : on y expose les résultats d'une politique indigéniste respectueuse des traditions des peuples premiers. Différents groupes ethniques y vivent en bonne santé, vaccinés et accueillants. Une petite piste d'aviation permet aux visiteurs VIP d'assister aux fêtes rituelles et de câliner des enfants souriant de toutes leurs dents sans carie. Les photographes connus immortalisent les corps athlétiques et joliment peints des indigènes. Les personnalités d'envergure, aux micros de leur télévision ou radio nationales, louent les enthousiasmantes conditions de vie des Indiens : on aurait envie de les partager ! Mais dans le reste du pays, les intérêts du gouvernement et de l'économie l'emportent sur toute autre considération et il y a donc toujours une bonne raison pour envahir un territoire indigène, malgré les protestations de certaines organisations : ONG, Église catholique, et pas grand monde sinon... En dehors du Xingu, rares sont les campagnes de vaccination, les écoles et la prévention orthodontique !

Sven Lindström connaît manifestement le sujet et semble concerné par la problématique indigène. Il affirme avoir été chassé des terres Tikuna et placé un jour entier en détention pour avoir tenté d'organiser une campagne de vaccination contre la rougeole. Étienne commence à se sentir rassuré. Cet homme n'est pas le truand qu'il croyait. Il y a trois ou quatre ans, après avoir suivi, dans les environs de Manaus, quelques pistes menant à un champignon qui pourrait guérir la maladie de Chagas, le Suédois avait été invité dans un village Tikuna situé sur le Solimões, du côté de Tefé. Dans ce village, dont il a oublié le nom, une épidémie de rougeole avait emporté deux tiers des habitants. Sur la berge, une dizaine de cadavres, enveloppés d'un drap blanc, étaient alignés dans l'attente d'une cérémonie funèbre répétée chaque jour. De tout petits corps gisaient là, face au fleuve immense qui poursuivait tranquillement son cours. Presque tous les enfants en bas âge et tous les vieux avaient succombé. Aucune plante locale ne pouvait combattre la rougeole ni remplacer un vaccin. Et la FUNAI, malgré son rôle de service de protection des Indiens, ne protégeait rien ni personne et n'avait jamais organisé de campagne de vaccination dans la région de Tefé. Sven, bouleversé et totalement impuissant, s'était promis de faire quelque chose pour ces gens. Il avait sollicité le service de santé de la région... et avait été interdit de séjour en zone indigène sous peine d'amende ou de prison.

Le jeune homme n'avait pas l'âme d'un militant et avait repris ses expéditions en solitaire. Il s'était alors rendu dans la région des Trois Frontières, afin de pénétrer incognito dans des territoires indigènes brésiliens encore peu explorés : il suffisait de traverser le Javari depuis le côté péruvien. Là-bas, il tenterait de trouver le champignon recherché et découvrirait peut-être d'autres plantes intéressantes et encore inconnues. Et, qui sait, ses trouvailles contribueraient peut-être à améliorer la santé des indigènes. Pour réaliser ses projets, il avait besoin d'une solide aide matérielle.

Tout d'abord embarrassé et sur ses gardes, Sven comprend vite qu'Étienne ne l'a pas attendu à deux reprises et pendant près de deux mois pour lui régler son compte. Il lui propose de prendre un verre dans une gargote au bord de l'Amazone et aborde les côtés plus sombres de son travail.

À Leticia, quelques personnages hauts en couleur et pas très recommandables ont flairé en lui une bonne affaire. Le gringo semblait naïf, comme tous les gringos. Il herboriserait dans des coins très isolés, ouvrirait un œil et le bon et leur fournirait des informations intéressantes : localisation de terres hautes, de bois précieux ou d'hévéas. De temps à autre, il convoierait un chargement de peaux ou d'animaux à vendre. En échange de ces services, il recevrait assistance technique, bateau, guide et laissez-passer. Ainsi James Lambert, Venilto et d'autres figures du même milieu avaient-ils pris contact avec lui. L'unique règle à suivre, dans ces régions de trafics divers, consiste à ne poser aucune question. Facile à respecter, elle s'applique à toutes les parties. Si on la suit, tout est simple. Tu veux un bateau, un guide, des provisions, une jeune Indienne pour te divertir, du whisky ou même du caviar, tu demandes, tu reçois, et par un souci d'extrême élégance, tu n'as pas à payer tout de suite, on te fait une confiance absolue. On sait que tu rendras le service demandé en échange. Aucun risque de fuite : il n'y a pas de route et les aéroports et transports fluviaux sont contrôlés par la mafia locale. Et si, par totale inconscience ou bêtise, tu refusais de remplir tes obligations, tes mandants sont solidement armés.

Sven avait collaboré à l'entière satisfaction de ses employeurs. Il était libre de ses mouvements et se rendait régulièrement à Manaus pour y effectuer divers achats et se replonger quelque temps dans l'ambiance d'une grande ville. C'est lors de l'un de ses séjours dans la capitale de l'État d'Amazonas qu'il a rencontré Pauline, à une soirée où tous deux étaient invités.

Étienne a écouté patiemment le long récit du Suédois. Enfin sa Pauline apparaît ! Il se sent très emprunté : que va dire cet homme de sa femme ? comment réagir ? ce type était quand même le... Et quel étrange personnage, qui s'est créé un réseau dans les milieux interlopes de la frontière et fréquente l'intelligentsia de Manaus !

Sven loue la curiosité de Pauline, son absence de préjugés, son insouciance face aux dangers de la jungle. Son organisme avait supporté l'alimentation locale, elle avait bu l'eau du fleuve, ne s'était plainte ni de la chaleur, ni des moustiques. Elle était magnifique ! Il avait effectué trois voyages avec elle, dans des conditions de plus en plus difficiles. Jamais un problème ! Il savait qu'elle était mariée, mais n'avait posé aucune question à ce sujet, une habitude saine dans ces parages, moins on en sait, moins on risque de se retrouver avec un couteau planté entre les omoplates. Elle avait ses raisons de l'accompagner, il ne les avait pas creusées. Une fois tous deux installés de manière plus permanente dans le village mayorúna, Pauline s'était investie à fond dans son travail d'apprentissage de la langue et ne s'était plus trop intéressée à lui. Ses activités chez les Mayorúna semblaient la combler pleinement.

Ainsi leur existence dans le haut rio Jaquirana où vivent les Indiens... Vivaient, l'interrompt Étienne. Effaré, Sven ne semble pas au courant de l'abandon du village par les Mayorúna, de leur fuite devant des envahisseurs manifestement menaçants et de la disparition de Pauline. Il affirme tout ignorer de ce Meireles et de ses projets de colonisation de terres indigènes. Il n'a jamais entendu parler de la construction d'une piste d'atterrissage sur l'emplacement du village où il a séjourné. Admettons. Pourtant Étienne sent que le Suédois est de plus en plus mal à l'aise. Est-ce que sa responsabilité dans la disparition de Pauline lui saute enfin aux yeux? Sven, gêné et hésitant, essaie de se justifier. Il était sûr que ne le voyant pas revenir, Pauline le rejoindrait au poste militaire d'Angamos. Étienne est convaincu que Sven ment. Pourquoi n'a-t-il pas envoyé quelqu'un la chercher? Pourquoi ne lui a-t-il pas fait parvenir un mot par les Mayorúna qui retournaient au village?

Sven s'agite, ne sait quoi dire, bafouille quelques explications incompréhensibles, renonce à son autoportrait nuancé et flatteur et finit par tout déballer. Ok, je n'ai pas fait ce qu'il fallait. J'étais sous pression, on m'attendait à Iquitos. Je croyais Pauline en sécurité et j'ai pensé qu'elle se débrouillerait. Les Indiens connaissent Angamos, elle n'avait qu'à leur demander de l'y conduire. S'ensuivent quelques vagues excuses, un nouvel éloge des qualités de Pauline, courage, détermination. Puis vient la suite. Se lancer dans des expéditions dans cette région très isolée et pratiquement inhabitée – 86 000 kilomètres carrés pour 3 000 habitants – est extrêmement onéreux. Il faut un bateau, du combustible, un guide, des vivres, des armes.

Sven n'a pas de fortune personnelle. Pour financer ses expéditions, il s'est approché des « autorités » de la région. Commanditaires discrets mais tout-puissants, ils investissent dans la chasse et la pêche illégales, sans doute aussi dans des trafics plus juteux et encore plus illégaux. Ils sont prêts à le subventionner en échange d'informations, il l'a déjà mentionné. Mais surtout, il est chargé de gérer le commerce de peaux de loutre géante, d'ocelot, de jaguar, tous animaux protégés. Le Suédois est un botaniste autodidacte et passionné, mais n'éprouve pas le même amour pour les animaux... Un beau jour, un des chargements de peaux diligenté par Sven est appréhendé par la police nationale péruvienne. Il se fait discret et part pour Manaus. Lorsque Pauline et lui se rendent dans le haut rio Jaquirana, Sven croit que l'affaire a été réglée par les « autorités » avec les moyens habituels, un solide bakchich. Or, lors de sa dernière visite à Angamos, le commandant lui apprend que la police péruvienne le recherche, ainsi que James et Venilto, tous trois soupçonnés de trafic de peaux d'animaux sauvages. Deux militaires du poste l'accompagnent à Iquitos où il sera interrogé.

Étienne écoute sans exprimer ni jugement ni critique, ce qui encourage Sven. En fait, oui, il connaît Meireles. C'est lui qui l'a payé pour effectuer des relevés de terrain dans le Haut-Jaquirana. Sven n'a pas cherché à en savoir plus. Il est accepté dans la région parce qu'il respecte la loi tacite : « On ne pose pas de question, on exécute ». Ce type, qui brandit la loi du silence comme une protection qui ne se discute pas, incarne tout ce qu'Étienne déteste : opportunisme, irresponsabilité, lâcheté. D'un autre côté, le Suédois semble commencer à réaliser à quelle catastrophe ont conduit son besoin d'argent et ses informations. Il avoue qu'en juillet 82, depuis Angamos, il a transmis à Meireles, par message radio, des informations sur la localisation de la communauté indigène. Il a ainsi indirectement poussé les Mayorúna, et donc Pauline, à s'enfoncer dans la jungle pour fuir les envahisseurs. Non, vraiment non, il ne savait rien des projets de Meireles. Jamais il n'avait imaginé que Pauline serait la victime d'une invasion, armée de surcroît. Il semble sincère. Étienne lui fait signe de continuer.

Conduit en avionnette par les militaires à Iquitos, Sven réussit à se tirer d'affaire grâce à l'aide de ses puissants amis. Blanchi dans cette histoire de peaux, il reste dans la petite ville péruvienne pour renflouer ses finances. Il conduit quelques touristes chez des chamans qui organisent, dans la périphérie de la ville, des cérémonies d'ayahuasca. Pour s'initier aux rites indigènes, se purifier de ses énergies négatives et découvrir ce qu'il a de bon en lui, le disciple est prêt à débourser pas mal de dollars. Sven affiche une grimace de mépris. Agences spécialisées, démarchage dans la rue ou à l'hôtel, tout est bon pour piéger le client naïf. De nombreux chamans sont de vrais charlatans. Vomissements, hallucinations, spasmes, contractions, le touriste croit sa dernière heure arrivée ! Étienne est scandalisé. Ces faux chamans sont tout aussi louches que les Meireles, James et autres. À croire que toute l'Amazonie est aux mains de malfrats !

Après un peu plus de six mois, Sven revient à Leticia, poussé, prétend-il, par le besoin de savoir où est Pauline. Et maintenant ? Ébranlé par tout ce qu'il vient d'apprendre, il déclare se mettre désormais entièrement au service d'Étienne. Drôle d'individu ! À la fois trafiquant et aventurier de petite envergure, mais aussi un être capable d'éprouver des remords et d'assumer ses actes. Serait-ce cette ambivalence qui a séduit Pauline ? Un baroudeur doublé d'un homme-enfant... Que faire de sa proposition ? Il cherche à se racheter et peut être utile. Après un moment de réflexion, Étienne l'informe que la question des terres est entre les mains de divers groupes de pression qui, depuis Brasilia, tentent de convaincre le gouvernement de faire évacuer la zone envahie. Reste Pauline.

Côté brésilien, les terres indigènes de la région du Haut-Javari s'étendent, on l'a dit, sur près de 86 000 kilomètres carrés. Retrouver par hasard le groupe mayorúna et Pauline en remontant rivière après rivière est totalement illusoire. Sven et Étienne ont conservé de leur culture européenne une certaine forme de cartésianisme... Ils passent en revue les démarches envisageables. Reprendre contact avec les garnisons de la frontière ? Tenter d'approcher les ethnies qui vivent dans la région ? Méfiants, hostiles, voire agressifs, les Marúbo ou les Kulína n'accepteront sans doute pas que les deux hommes pénètrent sur leurs terres. Et encore faudrait-il se faire comprendre. En outre, qui garantira la fiabilité des informations fournies ? Les indigènes ne renseignent que ceux en qui ils ont confiance. Aux autres, et avec le plus grand sérieux, ils répondent n'importe quoi ou ce qu'ils pensent qu'on attend d'eux. Sven connaît un anthropologue italien qui avait séjourné quelques semaines chez les Kulína et a écrit une thèse sur le système de croyances de ce groupe, dûment informé par le chaman : tout était de la plus haute fantaisie !

Il fallait pourtant tout tenter, ne serait-ce que pour n'avoir ni regrets, ni remords. Les deux hommes se rendent alors en avionnette à Angamos. Les militaires n'ont plus revu de Mayorúna depuis le départ de Sven pour Iquitos. De là, les deux descendent à Palmeiras. Ils interrogent quelques indigènes venus consulter le médecin ou troquer des peaux. Aucun n'a jamais entendu parler d'une Blanche qui vivrait avec des Mayorúna. Disent-ils vrai ? Étienne, une fois de plus, se sent devenir paranoïaque dans cette ambiance de constante méfiance, de perception irrationnelle de la réalité et de réel banditisme. Mais que faire ? Il a tout essayé, épuisé toutes les pistes possibles. Sans énergie, sans espoir, sans perspectives, à quoi bon continuer sa recherche ? Les deux hommes se séparent à Leticia. Ils n'ont plus rien à faire ensemble. Étienne retourne à Manaus et reprend son travail à l'INPA, dans un quotidien triste et résigné, espérant que peut-être un jour... car comment clore une relation conjugale restée en suspens ? Et pire encore, comment faire le deuil d'une personne qui a disparu ? Le Suédois, lui, se volatilise dans la nature. Certains affirment qu'il se serait associé à Meireles et arpenterait maintenant l'Amazonie péruvienne. D'autres prétendent qu'on l'aurait aperçu en Angola...

Quant à Pauline, elle n'avait pas le choix. Face à des envahisseurs armés et déterminés, les habitants de Santa Sofia, munis d'un fusil au canon tordu et équipés d'arcs et de flèches ne pouvaient que fuir, et vite. Pas le temps de conduire la jeune femme jusqu'à la garnison péruvienne. Il lui fallait donc suivre les Mayorúna dans leur fuite. Après plusieurs jours de marche dans la forêt, ils sont arrivés aux sources du rio Pardo où ils se sont sentis en sécurité. Deux ou trois familles mayorúna vivaient là, ils étaient bien sur leurs terres ancestrales. Ils ont déboisé un espace où construire une maloca. Ils ont planté boutures et surgeons de différentes plantes, arrachés en toute hâte dans la roça avant leur départ. Nomades par choix et par nécessité – la terre s'épuise vite, le gibier fuit les chasseurs, il faut se déplacer – ils étaient devenus des nomades sous la contrainte des événements : chasses à l'Indien, bombardements, invasions de leurs terres. Résilients et combatifs, les Mayorúna de Santa Sofia ont tenté de reconstruire leur vie d'avant. Avec la peur, encore, et l'espoir d'une existence tranquille une fois de plus anéanti.

Dans la précipitation et la panique du départ, Pauline avait laissé papier, abécédaire, notes et stylos dans sa cabane. La caisse de médicaments était également restée à Santa Sofia. Quel allait être son statut dans le groupe ? Elle ne voulait pas être une plante parasite. Elle avait acquis quelques compétences à Santa Sofia et ne demandait qu'à les approfondir. Récolter des fruits dans la forêt, des bananes ou des pupunhas dans la roça, arracher des racines de manioc, pêcher et jouer avec les enfants... Voilà maintenant à quoi elle s'occupait. Ses journées étaient pleines, mais, peu à peu, une appréhension devant le futur qui serait le sien si elle demeurait avec les Mayoruna commençait à la gagner.

Elle se sentait fatiguée, découragée, sans perspectives. Elle avait 33 ans et n'imaginait pas prendre un mari mayorúna, comme l'avait fait Nilda, une jeune femme rencontrée sur le rio Pardo. Nilda devait avoir, comme Pauline, une trentaine d'années. Elle était brésilienne, était née sur les bords de la rivière Santana, un affluent du rio Jaquirana, dans une famille de récolteurs de caoutchouc. Dans les années 60, de nombreux heurts, souvent sanglants, ont opposé colons et populations autochtones. Les Mayorúna ont défendu leurs terres et été décimés par de nombreuses expéditions punitives. Leur population ayant baissé dramatiquement, enlever des femmes chez leurs voisins indigènes, ou chez des caboclos isolés, apportait une solution à ce problème démographique. On calcule que dans les années 1970, la moitié des épouses mayorúna étaient des femmes soustraites à leur milieu d'origine, indigène ou brésilien. Nilda était l'une d'elles.

Toute jeune encore, mais déjà mariée, elle avait été emmenée par un groupe de Mayorúna qui venait de massacrer une dizaine de colons. Comme dans le cas de la Noêmia de Santa Sofia, on avait attribué à Nilda un mari qui la traitait bien et elle avait conçu des enfants considérés comme des Mayorúna à part entière. Contrairement à Noêmia, elle avait voulu retrouver sa famille. Après quelques mois d'une vie chaotique avec un mari qui la battait et la traitait en esclave, elle était retournée auprès de son mari mayorúna. Pauline n'était pas Nilda, ni Noêmia, et n'avait pas leurs raisons de rester vivre avec les Mayorúna. Elle n'avait pas non plus le courage de faire le choix radical d'accompagner leurs luttes à long terme. Elle avait peur de la solitude, de la maladie, de la mort, et se sentait impuissante et écrasée par leur confiance et leur foi en elle.

La neige, les pommiers en fleurs lui manquaient. Elle rêvait de froid, de bourrasques, de bise noire, des saisons qui se succèdent et ne se ressemblent pas. Pourtant elle ignorait que d'autres regrets naîtraient, que le coucher du soleil sur le Léman, ou sur les Alpes, si beau soit-il, la rendrait terriblement nostalgique des somptueux couchers de soleil amazoniens, quand les couleurs du soir changent imperceptiblement, que la lumière devient dorée, puis que les nuages s'empourprent, passent du fuchsia au rose et s'effilochent dans une apothéose d'oranges, de verts et de jaunes. Elle ressentait aussi un besoin douloureux de revoir ses amis, d'écouter de la musique, de soigner ses cheveux, de s'habiller joliment. Qu'allait-elle devenir dans cette jungle en vieillissant, au milieu de ce peuple qui l'avait adoptée, mais auquel elle n'appartenait pas? Combien de temps allait-elle rester dans ce coin totalement isolé, avec pour unique objectif d'être un jour peut-être utile aux Mayorúna? À quoi bon tous ces efforts pour poursuivre l'apprentissage d'une langue qu'elle ne baragouinait qu'avec une cinquantaine de personnes?

Début 84, elle décide de partir. Nacua, Tumi et Pëmen l'accompagnent jusqu'à Palmeiras. En descendant le fleuve, ils s'arrêtent brièvement à Angamos. Aurait-on des nouvelles de Daniel? Il avait été accepté tel qu'il était dans sa communauté et des barbares qui se disent civilisés l'avaient torturé et liquidé pour être inclassable. Ni homme ni femme, on l'avait violé pour lui apprendre à choisir, puis on l'avait assassiné, Pauline n'osait imaginer comment. Les bûcherons ne risquaient pas grand-chose: un Indien déviant, qui allait se battre pour lui? Pauline s'effondre. À Palmeiras, en larmes, elle promet aux trois hommes de revenir un jour. Ils l'attendent peut-être encore... Les militaires télégraphient à son mari qui vient la chercher en avionnette. Pauline avait passé en tout un an et demi avec les Mayorúna.

Les terres indigènes du bassin du Javari n'ont été démarquées et donc quelque peu protégées des invasions que des années plus tard, en 2001. À Brasilia, en 1983, quelques journalistes et députés de l'opposition ont tenté d'informer un public indifférent de l'arrivée illégale de colons sur les terres indigènes du Haut-Javari. Certes, les colons de Meireles ont fini par être chassés de la région par la Police fédérale. Les pressions conjointes de quelques sénateurs et évêques, le peu de pouvoir du petit potentat local nommé Meireles ont permis de mettre fin à cet épisode. Mais les Mayorúna de Santa Sofia, effrayés à l'idée de nouvelles invasions, ne sont pas retournés dans leur village. Ce peuple avait défendu son territoire dès les premières arrivées de chotac, d'étrangers, dans le bassin du Javari, à l'époque du boom du caoutchouc, à la fin du XIXe siècle. Par la suite, ils ne cesseront de s'attaquer aux envahisseurs avec les conséquences que l'on sait : chasses à l'Indien organisées par les patrons bûcherons et appuyées par l'armée brésilienne ; bombardements par avion du côté péruvien en 1964. Traumatisés par ces massacres, les Mayorúna ont compris qu'attaquer les envahisseurs ou même se défendre en les combattant n'était plus une option.

À Manaus, Pauline ne voulait plus vivre dans la jolie maison du Village blanc. Le passage sans transition de la maloca collective à une villa bourgeoise, malgré une décision mûrement réfléchie, la troublait. De son côté, Étienne, qui avait repris ses recherches, souhaitait que sa femme reste avec lui. Il lui a proposé de l'accompagner dans ses voyages. C'était trop tard. Elle n'en avait plus envie. Elle lui était reconnaissante d'avoir pris tant de risques pour la retrouver, mais ne ressentait plus pour lui ni désir, ni élan. Étienne était un homme bien, mais comme disait le père de Pauline : « L'amour n'a rien à voir avec le mérite. » Quand elle lui a annoncé qu'elle retournait en Suisse, Étienne s'est effondré. Recroquevillé dans un hamac, il pleurait. Longuement et doucement Pauline a balancé son hamac, comme le font les mères mayorúna quand leurs enfants ont de la peine à s'endormir.

Avant son retour en Suisse, Pauline a mis quelques vêtements dans une valise et s'est rendue à Brasilia. Elle voulait s'informer de la mise en marche du processus de démarcation des terres indigènes de la région du Javari et fournir toutes les informations utiles concernant les territoires mayorúna du rio Pardo. En passant ainsi le témoin, elle pensait se libérer de sa culpabilité à ne pas accompagner les Mayorúna dans cette étape.

Quant à Étienne, il avait décidé de rester à Manaus et s'est replongé à corps perdu dans ses recherches sur les lamantins. Depuis, il a publié article sur article avant d'être honoré du prix José Reis de diffusion scientifique.

16

Le lac comme un croissant de lune ou comme un gigantesque méandre détaché d'un fleuve. Et les montagnes si hautes et si blanches ? Comme... Non, toute comparaison s'arrête là, rien à voir avec la forêt moutonnante qui enserre les bras du Javari. Et, en basse altitude, le jet d'eau, artificiel et fameux ? Plus haut encore que les imposants samaúmas...

L'avion se pose sur la piste de l'aéroport. Des couloirs immaculés reflètent les passagers, l'éclairage met en valeur des montres et bijoux de luxe, les tapis roulants fonctionnent, les boutiques offrent le choix entre des dizaines de marques de whisky, de chocolat, de produits de beauté. Pauline est tout étourdie.

Elle tire derrière elle son unique bagage : une petite valise de cabine. Rien à déclarer : pas de sarbacane miniature, ni de coiffe en plumes, aucun piranha séché... Comme lors du sauve-qui-peut dans la forêt, elle n'a rien emporté. Nouvelle fuite ? Dérobade, ou table rase ? En réalité, elle n'a pas besoin d'objets-souvenirs, les marques de son séjour chez les Mayorúna sont profondément inscrites dans son cœur, son âme, là, tout à l'intérieur.

Son retour est définitif, elle ne reviendra pas sur sa décision. À Genève, il lui faudra retrouver un travail, un logement, se remettre au diapason d'une existence laborieuse et au rythme frénétique, se réadapter à la retenue polie des habitants. Dans le bus, les premiers jours, à la manière brésilienne, elle adresse la parole aux passagers. Devant leur embarras, elle récupère bien vite sa réserve tout helvétique.

Comme pour prolonger son travail d'alphabétisation à Santa Sofia, elle se met à enseigner le français à des migrants de tous horizons: kosovares, népalais, somaliens, bangladais. Une façon de maintenir un des fils qui la relient aux Mayorúna.

Elle doit aussi raconter. Lors d'un dîner, un vieil ami lui explique qu'en Amazonie, on jette un bœuf vivant à l'eau pour que le troupeau puisse traverser le fleuve sans être dévoré par les piranhas. Devant son scepticisme, on s'interroge: a-t-elle réellement vécu en Amazonie? Elle a beau affirmer que les vaches qui paissent dans les zones déboisées des rives de l'Amazone ou sur les îles du fleuve y sont transportées en bateau. Que les piranhas ne vivent pas dans des eaux à fort courant. Ou que les caboclos qui possèdent quelques vaches ne sacrifieraient jamais ainsi une de leurs bêtes, qu'ils sont bien trop pauvres pour se permettre un tel luxe.

La plupart de ses interlocuteurs n'accordent que peu de crédit à ses récits. Ils préfèrent leurs mythes, tellement plus excitants et exotiques. Elle n'a donc en réalité jamais mis les pieds dans la vraie Amazonie, puisqu'elle n'a pas consommé d'ayahuasca, ni assisté au dépeçage d'un bœuf par des piranhas. Avides de récits extraordinaires, ils auraient sans doute accordé le plus grand crédit à la merveilleuse histoire que lui avait racontée un prêtre séculier, rencontré sur les rives de l'Amazone. Il officiait à São Paulo de Olivença, un petit village de caboclos situé sur la rive droite du fleuve. Un jour, un bûcheron était revenu de son travail avec une blessure profonde au mollet qui s'était infectée. La chair était noirâtre, l'homme avait une forte fièvre, la gangrène allait probablement attaquer la cuisse sous peu. Désinfectant et antibiotiques ne servaient plus à rien. Ses proches parlaient d'un sort que la famille d'un jeune fiancé lui aurait jeté, parce que sa promise était tombée amoureuse du bûcheron... Sornettes, pensait le prêtre. L'hôpital était à quatre ou cinq jours de bateau, l'homme n'y arriverait pas vivant. Restait l'amputation. La foi du prêtre était fort grande. Il a raconté avoir soûlé le bûcheron et lui avoir scié la cuisse, garnissant artères et veines de trombones pour éviter l'hémorragie. L'homme avait survécu. Le récit était probablement enjolivé, mais venant d'un prêtre, à l'époque Pauline y avait cru. Quand on baigne dans un monde où la magie, bonne et mauvaise, est omniprésente, on finit par douter de sa propre vision rationnelle des choses. Et elle, pourrait-on la détruire en lui jetant des sorts ? Elle avait posé la question à une vieille guérisseuse. Non, si vous croyez en Dieu. Comprenant que Pauline n'avait pas la foi, la vieille femme avait alors affirmé que les sortilèges étaient inopérants si l'on n'y croyait pas.

Quoi qu'il en soit, ses petites histoires ne correspondaient pas à ce que ses interlocuteurs attendaient. Trop incroyables ou trop banales... Ou parce qu'elle était une femme et que les femmes ne voyagent ni seules ni dans des contrées peu explorées ? Elle avait donc fini par garder ses récits pour elle. En outre, elle avait l'impression d'usurper la parole de l'anthropologue ou du géographe. Quelles compétences, quelle expertise avait-elle pour parler de l'Amazonie et de ses habitants ?

Les problèmes du quotidien réglés, la famille et les amis retrouvés, son histoire plus ou moins dévidée, un bilan s'imposait. Qu'était-elle allée faire au fin fond de la jungle dans des conditions extrêmement difficiles et précaires ? Pourquoi cet intérêt si fort pour ces populations isolées, jusqu'au point de partager leur vie et d'être acceptée, voire adoptée par eux ?

Lorsqu'elle lisait, enfant, elle accompagnait Bob Morane dans une jungle inextricable et inviolée. Ils recherchaient ensemble un explorateur disparu. Seule fille de son expédition, elle affrontait courageusement tous les dangers. Serpents corail, anguilles électriques, Indiens anthropophages ne l'effrayaient nullement! Dans *L'Oreille cassée*, elle trouvait bien petits les piranhas qui s'accrochaient à la queue de Milou et que celui-ci secouait comme des puces. Bob avait pêché pour elle des bestioles autrement plus impressionnantes! Et le vieux missionnaire, était-il l'aventurier recherché par Bob? Que faisait-il au milieu d'Indiens faméliques, sales et décoiffés?

Ce n'est sans doute pas un hasard si elle était tombée amoureuse d'Étienne. Il achevait un doctorat en biologie marine sur les lamantins d'Amazonie. Les récits de ce jeune homme un peu trop maigre, aux cheveux noirs très frisés et au regard sombre et vif, l'avaient conquise immédiatement. Avec lui, elle se trouvait soudain plongée dans ses rêveries de petite fille. Il allait partir pour quelques années en Amazonie, où une place de chercheur dans un institut brésilien l'attendait. Elle avait alors décidé de quitter son confort pour partager avec lui une vie qui promettait d'être aventureuse. Besoin de fuir sa routine d'enseignante? Concours de circonstances? Passion amoureuse? Oui. Mais aussi une attraction très puissante et peu rationnelle. Depuis qu'elle savait lire, elle rêvait d'Amazonie…

Elle aurait pu faire des études d'anthropologie ou d'ethnologie, mais dans son milieu familial, on ignorait l'existence de ces professions. D'ailleurs en était-ce? Pour ses parents, un vrai métier devait assurer une sécurité matérielle et les rêves d'une petite fille n'étaient guère pris au sérieux.

Sa famille, obsédée par la peur du qu'en-dira-t-on, vivait en circuit fermé dans une charmante petite ville, étouffante et pétrie de conventions. On y admirait le pharmacien, si savant; le médecin, un demi-dieu; le directeur de l'usine du coin, tellement riche. Mais elle, ses parents ne l'admiraient pas, elle rêvait trop, toujours plongée dans ses livres. Pourtant elle était très bonne à l'école : en gymnastique, en latin, en musique et même en cuisine! On ne la félicitait jamais, les compliments auraient pu lui monter à la tête. Alors comment faire pour exister à leurs yeux? Comment les éblouir? Devenir riche ou très savante ou les deux? Ou faire quelque chose de pas ordinaire, qu'eux ne faisaient pas : voyager, découvrir, explorer, partir...

Elle avait réalisé ses rêves d'enfant et n'avait plus rien à se prouver à elle-même, mais où étaient la reconnaissance qu'elle attendait, de ses parents, de ses proches, leur éblouissement devant son courage et sa capacité à affronter toutes sortes de dangers? Son père, en bon protestant, avait lu l'*Histoire d'un voyage fait en la terre du Brésil* du pasteur Jean de Léry. Grâce aux descriptions et réflexions de cet auteur du XVIe siècle, il savait mieux que sa fille comment vivaient, mangeaient et s'habillaient les «Sauvages». Et ses amis avaient peine à l'imaginer boire l'eau de l'Amazone, nager au milieu des piranhas, dormir par terre ou manger du caïman. Elle était trop propre, trop élégante, bref, trop «civilisée».

Pauline avait fini par ensevelir au plus profond d'elle-même ses souvenirs et ne parlait plus que rarement de sa vie chez les Mayorúna. Elle demeurait pourtant comme physiquement imprégnée du souvenir nostalgique et merveilleux d'une autre vie, dans un monde menacé mais qui résiste, d'une expérience qui l'avait enrichie et la nourrissait encore. Lui restait également une culpabilité qui devrait être celle de tous les «civilisés», qui laissent mourir dans l'indifférence des peuples et des cultures dont la disparition ne peut que les appauvrir. Et l'habitaient encore son amour pour les Mayorúna, sa reconnaissance pour leur générosité et son admiration pour leur détermination à vivre libres.

Sur son balcon du dixième étage, face au Jura, comme presque tous les jours depuis son retour, Pauline corrige des copies. C'est la fin de l'après-midi, le temps est doux, quelques nuages s'essaient à des figures animales, puis le soleil descend peu à peu derrière la montagne. Un embrasement s'annonce, bouleversant de beauté, comme les couchers de soleil d'autrefois: d'abord jaune orangé, puis fuchsia, rose soutenu, rose pâle, et enfin un bleu très tendre, presque blanc. Et comme sur une toile se détachent sur cet aplat un visage masculin tatoué, une petite fille à l'expression déterminée, un dauphin rose sautant dans le ciel qui s'assombrit. Le tableau se fait sonore: c'est la plainte déchirante d'un paca qui pleure sa femelle tuée par les chasseurs.

EN RÉALITÉ...

Il m'a fallu près de quarante ans pour me lancer dans le récit de ma vie au Brésil et plus particulièrement de mon travail auprès des Mayorúna, que l'on appelle Matsès aujourd'hui.

En 1979, j'ai quitté Genève pour réaliser un rêve très ancien : voyager en Amérique latine et aller en Amazonie. Je pensais passer une année sur ce continent et ai fini par y rester quatre ans et demi, dont quatre ans en Amazonie brésilienne, à la frontière avec le Pérou et la Colombie.

Engagée sur place par une ONG, j'ai participé au travail de préparation de la démarcation des terres indigènes de la région du Javari où vivent, encore aujourd'hui, quelques groupes indigènes sans contact avec le monde environnant. À cette époque, l'inculturation était une règle : travailler avec des populations indigènes impliquait immersion, imprégnation, bref, il fallait vivre avec, comme et chez les groupes qui nous accueillaient. Nous étions deux volontaires, sans radio, sans générateur, remontant et descendant fleuves et rivières sur une simple barque à moteur, chargée de beaucoup de combustible et de quelques boîtes de conserve. Mon compagnon savait chasser et pêcher... Nous nous occupions plus précisément du territoire des Mayorúna, tentant de délimiter la zone de déambulation du groupe. Nous nous sommes installés à Santa Sofia, un village qu'un sous-groupe de Mayorúna avait construit après avoir quitté une mission nord-américaine au Pérou. Nous marchions des jours dans la forêt à la recherche de traces prouvant que ces terres leur appartenaient : anciennes plantations, villages abandonnés, lieux où étaient enterrés leurs morts. Quand nous séjournions à Santa Sofia, j'essayais de mettre en place un processus d'alphabétisation dans la langue native. Nous pensions rester longtemps.

Jusque dans les années 70, les Mayorúna de Santa Sofia avaient coupé tout contact avec les Blancs et déambulaient entre le Pérou et le Brésil. Deux missionnaires américaines du Summer Institute of Linguistics qui opéraient au Pérou – les linguistes du SIL étaient interdits au Brésil – ont tout fait pour entrer en contact avec ce peuple. Du haut de leur avionnette, elles ont arrosé les Mayorúna de cadeaux, puis se sont progressivement approchées de leurs campements. À cette époque, les Mayorúna n'avaient encore intégré aucune des activités économiques de la région et ne parlaient que leur langue, un idiome du groupe linguistique pano. Les missionnaires américaines n'avaient pas réussi à les convertir, mais avaient contribué à leur faire oublier leurs chants et leurs danses. Elles leur avaient fait connaître quelques merveilles de la civilisation, comme les casseroles en métal et les vêtements en tissu, ainsi que l'écriture, ayant transcrit leur langue pour les alphabétiser et les convertir. L'éblouissement devant tant de nouveautés n'avait pas duré : un t-shirt ne remplace pas la liberté et les missionnaires cherchaient à sédentariser les Mayorúna. Ceux-ci s'étaient finalement retirés sur leurs terres du côté brésilien du Jaquirana. Habitués aux Américaines blondes aux yeux bleus, ils n'ont pas été surpris par mon physique, sauf au bain ! J'imagine que les évangélistes yankees ne nageaient pas nues avec leurs futurs catéchumènes…

Je ne sais pas pourquoi, pendant tout ce temps, j'ai si peu observé les plantes et les animaux de la forêt primaire où j'ai séjourné. J'essayais de m'intégrer le plus possible en participant aux activités des femmes. Je vivais comme eux tous, au jour le jour. À la garnison de Palmeiras, on m'avait volé mon appareil photo, laissé dans notre barque. Il ne nous avait pas semblé judicieux d'accuser un militaire de vol. Nous nous sommes tus. À défaut de photos, je notais mes observations et les mots à retenir, dessinais les pièges posés dans la jungle et les tatouages faciaux.

Nous allions toujours en forêt dans un but bien précis : relever des pièges, cueillir des fruits ou retourner sur d'anciennes plantations. Dans les sous-bois ouverts à la machette, ou sur les sentiers à peine tracés, je n'avais pas le temps de dénicher des orchidées ni d'observer de plantes carnivores : je regardais où je mettais les pieds et essayais de protéger ma tête. J'ai rarement vu de serpents. Donc peu d'observations naturalistes, et pas de notes en vue d'un futur roman !

Après quelques mois, notre travail a été totalement bouleversé par l'invasion des terres racontée dans ce récit. Contrairement à Pauline, personnage de fiction, nous n'avons pas suivi les Mayorúna, c'est nous qui avons fui, sachant que nous ne survivrions pas si nous restions à Santa Sofia. Nous avons fui, menacés par les hommes de main de Petrônio Magalhães, pour sauver notre peau, mais aussi pour défendre les Mayorúna en dénonçant l'invasion. La culpabilité est forte, néanmoins, de les avoir abandonnés à leur sort. Ils ont attendu notre retour. Ne nous voyant pas revenir, effrayés par l'arrivée d'autres colons, ils se sont réfugiés tout près de la garnison de Palmeiras, recherchant la protection des soldats. Pas de femmes chez les militaires et cachaça à volonté. Alcool, prostitution, misère... Voilà ce qui les attendait.

Une culpabilité, douloureuse, nichée au niveau de l'estomac, me ronge encore aujourd'hui chaque fois que je pense à eux et à la confiance qu'ils avaient en nous. La mauvaise conscience à l'idée de les avoir abandonnés a bloqué très longtemps toute tentative de mettre en mots leur histoire et la mienne.

Et puis, je ne voulais pas les utiliser comme faire valoir. Je craignais qu'ils disparaissent devant le «je» d'un récit autobiographique. J'avais également honte d'avoir été ce que l'on appelle, dans mon milieu, et avec dédain, «une aventurière», quelqu'un qui voyage sans but sérieux dans des contrées réputées dangereuses, qui n'a aucune connaissance ni qualification et qui joue à l'anthropologue et parfois au médecin.

Je ne désirais pas non plus être identifiée au voyageur qui, de retour dans son petit confort, raconte des histoires aussi valorisantes qu'invraisemblables : premier contact avec une tribu inconnue, communication par télépathie avec un chef indigène... Ces anecdotes relèvent du mythe et sont au service d'un narcissisme qui fait disparaître les véritables protagonistes de l'histoire, Tikuna, Kanamarí ou Yagua.

Comment transmettre ce que j'avais vécu sans verser dans le genre *L'Amazonie de tous les dangers* ou *Seule parmi les sauvages*? Comment faire pour que l'on ne m'accuse pas de fabulation? Comment rendre hommage aux peuples indigènes du Javari, à leurs luttes et à leur courage, tout en parlant de moi et de ma vision des choses? Je craignais de ne pas trouver le ton juste. Mieux valait ne pas écrire.

En 2022, je suis retournée dans la région des Trois Frontières. C'était en avril et il pleuvait beaucoup. Le niveau des fleuves et des rivières montait, la forêt était inondée. Elle m'a paru plus basse qu'autrefois. J'ai d'abord pensé que l'eau, qui pouvait monter de quatorze mètres, l'avait en quelque sorte rapetissée. En réalité, les immenses arbres, les samaúmas, avaient tous été abattus... De ces seigneurs de la jungle, qui pouvaient atteindre 90 mètres et pour les indigènes symbolisaient la vie, ne subsistaient qu'un ou deux spécimens dans les contreforts desquels les touristes se faisaient photographier. Terrible et bouleversant...

L'eau continuait de monter, il pleuvait sans cesse, se déplacer devenait difficile et je ne disposais pas de beaucoup de temps. Impossible de me rendre dans la région de Santa Sofia. Mes quelques contacts sur place m'informeraient sur la situation actuelle du bassin du Javari et de ses habitants. Pour rencontrer ces personnes, travailleurs sociaux, profs d'université, infirmiers ou prêtres, j'ai passé d'une petite ville à l'autre.

Leticia est devenue plus propre et plus sûre. Une rue sans voitures arbore fièrement une rangée d'arbres à l'ombre protectrice. L'épicerie de luxe, la Gatita golosa, a disparu. Un vendeur de bananes plantain grillées se souvient encore de son emplacement. Au musée local, une exposition sur le commerce triangulaire entre la France, l'Afrique et l'Amérique latine attire quelques touristes en quête d'air conditionné. Et le soir, les familles se promènent tranquillement dans les rues où quelques chiens pouilleux tentent d'éventrer les poubelles. Un climat bon enfant et sans danger. Où sont passés les mafieux à lunettes noires et chaîne en or ? Se sont-ils embourgeoisés et faits très discrets ? Se sont-ils déplacés ?

La petite bourgade de Tabatinga, qui prolonge (où est-ce l'inverse ?) Leticia au Brésil, a grandi de manière totalement anarchique. On a rasé les maisonnettes en bois avec jardin pour les remplacer par des supermarchés, échelonnés le long d'une route rectiligne où les pétrolettes polluent à qui mieux mieux. Routes défoncées, ronds-points où survivent quelques herbes rachitiques, bâtiments en béton noircis de moisissures... Le port, pittoresque à l'époque, avec ses maisons sur de hauts pilotis et ses barques de toutes les couleurs, est devenu important. Alors que les berges ont été cimentées, permettant d'abriter un marché couvert, des planches branlantes continuent à conduire à de grands radeaux où sont amarrés barques de pêche et transports fluviaux. Les paquebots de luxe, qui remontent l'Amazone depuis Manaus, exhibent leurs ampoules multicolores à l'extrémité du port. Personne ne semble se risquer à en sortir. La nuit est réservée aux règlements de comptes et les habitants restent à la maison devant la télénovela du moment. Parfois, de jour, un activiste pro-indigène est abattu sur son scooter. Tabatinga a aujourd'hui remplacé Leticia pour la violence, l'illégalité et l'impunité.

Quant à Benjamin Constant, où se trouvait notre base de travail, la bourgade s'est considérablement développée. Une statue avant-gardiste orne maintenant le port d'où l'inscription « *Ici commence le Brésil* » a disparu. L'hôtel-bordel en bois, reposant presque entièrement sur des pilotis et qui accueillait les bûcherons en permission, existe toujours, repeint en rose et muni de la climatisation. Des motos, aux cylindrées surdimensionnées pour les quelques dizaines de kilomètres de routes à peine carrossables, vrombissent jour et nuit.

Tabatinga et Benjamin Constant sont devenus des plaques tournantes de trafics de toutes sortes : drogue, mais aussi pêche et chasse illégales. Des pirates écument l'Amazone et le rio Javari. Se rendre à Atalaya do Norte par bateau peut s'avérer dangereux. On préfère emprunter la route défoncée récemment construite par un préfet corrompu, qui a prélevé une commission sur les travaux, au mépris de la qualité du revêtement.

Atalaya est restée une bourgade tranquille. Du moins en apparence. Au port, un groupe de Mayorúna, dont les plus vieux portent encore des tatouages faciaux, discutent en observant l'activité sur le môle. Quelques jeunes femmes au visage hâve serrent contre elles des marmots morveux et sales. Ils semblent démunis et acceptent sans un mot le pain que leur propose le chauffeur du canot à moteur que j'ai loué. Je n'en connaissais ou ne reconnaissais aucun, mais j'aurais pu leur adresser la parole, mentionner Santa Sofia.

Leur apparente pauvreté, leur air d'attendre quelque chose qui ne viendra jamais ont réveillé en moi une culpabilité latente. Lâche, je n'ai pas eu le courage de les aborder. Je me suis alors rendue auprès du siège de l'UNIVAJA (Union des peuples indigènes de la Vallée du Javari). Là, on m'a fait part de nouvelles plus réjouissantes. Les Marúbo, ennemis jurés des Mayorúna, ont participé activement à la démarcation des terres indigènes du bassin du Javari et obtenu qu'une zone continue soit attribuée à la dizaine d'ethnies qui y déambulent. Au début, la délimitation des terres indigènes a quelque peu freiné les invasions de chasseurs, pêcheurs ou chercheurs d'or.

Puis, avec le gouvernement Bolsonaro, les institutions censées veiller à l'application de la loi de 2001, qui interdit l'accès aux territoires démarqués, ont cessé de faire leur travail, par manque de ressources et d'appuis gouvernementaux. Plusieurs associations de défense ont alors été mises en place par les indigènes eux-mêmes, qui ont ainsi tenté, avec de faibles moyens, d'empêcher toute activité illégale sur leurs terres. Des volontaires se sont mis à leur service. Les encouragements du Président Bolsonaro à faire fructifier toutes les terres du pays, y compris les zones protégées, ont abouti à une reprise industrielle de la pêche et de la chasse : un seul hors-bord de 60 à 150 chevaux peut transporter une trentaine de tortues, 300 kilos de viande de pécari salée et 400 kilos de pirarucu. Derrière ce commerce, qui menace les moyens de subsistance des indigènes de la région, se cache le blanchiment de l'argent de la drogue. En l'absence de tout contrôle, on comprend bien que le cycle de violences, qui n'avait jamais cessé, ait repris de manière exponentielle. Début juin 2022, dans le bassin du Javari, deux des volontaires qui défendaient, avec l'UNIVAJA, la loi qui garantit l'inviolabilité des terres indigènes, ont été assassinés par balles, démembrés et brûlés. Derrière ce double crime, des trafiquants des trois pays de la frontière.

La rencontre avec Clovis Marúbo, l'un des responsables de l'UNIVAJA, m'a fait un bien immense et a redonné couleurs et vie à mon vécu amazonien. Selon lui, c'est grâce à des gens comme nous, volontaires d'ONG au service de leur cause, que les terres indigènes du bassin du Javari ont été finalement démarquées. Pour Clovis, je fais ainsi partie de la famille des peuples du Javari : chez eux, je suis chez moi. Je ne suis pas une aventurière, mais, ce sont ses mots, une héroïne et une guerrière. Il sait que nous avons travaillé dans des conditions très difficiles, sans radio, sans transport rapide, que nous avons vécu comme ceux que Clovis appelle « nos » parents. Je ne sais pas si je mérite tant de gratitude, mais je me suis sentie fière et touchée par ses compliments. En quelques heures, autour d'une bière ou d'une caipirinha, il a réussi à effacer une grande partie de ma culpabilité. Je me suis sentie appartenir à nouveau à ce monde, je n'avais plus le sentiment de m'approprier un passé qui appartenait à d'autres, j'avais, merci Clovis, reçu la légitimité qui me manquait pour rédiger mon histoire et la leur.

Pour éviter d'être le centre de l'histoire, j'ai réparti ce que j'ai vécu entre différents personnages. J'ai ainsi opté pour un récit de vie romancé. Les faits racontés sont tous véridiques, sauf la fuite des Mayoruna à l'intérieur des terres. Les personnages sont partiellement inspirés de personnes réelles.

Ces quatre ans passés au Brésil m'ont profondément marquée et même transformée. Je suis sûre que les Mayorúna, les Marúbo, les Matís ont volontairement mis en place une société libre et harmonieuse. Ils continuent à se battre aujourd'hui, pacifiquement, pour qu'elle survive, malgré les invasions, les assassinats, les virus, le mépris. Vision rousseauiste ? Fantasme d'Européenne ? Pourquoi refuser d'admettre qu'une société puisse fonctionner autrement que la nôtre ? Quelle est cette prétention qui nous pousse à croire que nous vivons dans le meilleur des systèmes, alors que de nombreux signes en montrent l'extrême vulnérabilité ?

Vivre dans le présent, savourer le temps qui passe sans faire grand-chose, s'émerveiller devant une toile d'araignée brillante de rosée à l'aube ou un vol d'aras, flèches multicolores dans un ciel limpide, suffisent à remplir une journée. J'ai compris pourquoi les indigènes perdent tout goût à la vie et se laissent mourir quand on les enferme dans une mission ou une mine.

DADA CUESA, ainsi se désignent les Mayorúna : une nation d'hommes braves, fiers, libres, de guerriers sans peur. Qu'envers et contre tout, ils puissent rester DADA CUESA.

GLOSSAIRE

Açai : fruit d'un palmier.

Balsa : énorme radeau de bois.

Barrigudo : nom d'une espèce de singe (barrigudo signifie ventru).

Caboclo : métis descendant d'unions entre Européens blancs et Amérindiens.

Cachaça : boisson obtenue par fermentation puis distillation du jus de canne à sucre.

Cacique : chef d'une communauté indigène.

Caipirinha : cocktail brésilien, préparé à base de cachaça, de sucre et de citron vert.

Caiçuma : boisson fermentée à base de manioc.

Candomblé : cérémonie publique lors de laquelle les divinités intègrent des personnes qui entrent alors en transe ; le candomblé est également une religion animiste d'origine africaine.

Caraná : palmier.

Ceiba : arbre géant pouvant atteindre une hauteur de 90 mètres.

Chinela : nu-pied, tong.

Chotac : étranger, en langue pano.

Coxinha : viande de poulet déchiquetée, recouverte de pâte, façonnée en forme de cuisse, puis panée et frite.

Cupuaçu : fruit en forme de coque dont on consomme la pulpe.

Erva doce : plante médicinale (anis vert).

Feijão : haricot dont on consomme la graine.

Forró : danse et musique traditionnelles du nord-est du Brésil.

Gringo : en Amérique latine, mot péjoratif qui désigne les étrangers, en particulier les Américains des Etats-Unis.

Igarapé : bras étroit et peu profond d'une rivière.

Inga : fruit en forme de gousse dont on consomme la graine.

Jacaré : caïman.

Jagunço : homme de main.

Jambo : fruit le plus souvent rouge et à la chair blanche.

Jarina : palmier.

Lancha : barque.

Maloca : grande maison communautaire.

Moreninha : terme affectueux ; désigne une jeune fille au teint foncé.

Nada: rien.

Nadie: personne.

Onde, donde: où?

Paca: gros rongeur.

Paxiuba: palmier aux grandes racines-échasses.

Pão de queijo: petit pain au fromage, fait à base d'amidon de manioc aigre.

Pécari: sorte de petit porc sauvage.

Peixe-boi: lamantin (gros mammifère aquatique herbivore; adulte, il mesure 3 mètres et pèse environ 500 kilos).

Piauhau: oiseau gris de 28 cm, aussi appelé piauhau hurleur, dont le chant est emblématique de la forêt amazonienne.

Pirarucu: plus gros poisson d'eau douce d'Amérique du Sud; il peut mesurer 4,5 mètres et peser 250 à 300 kilos.

Pium: mouche noire hématophage.

Pois è, sei là, è que: heu, j'sais pas, c'est que...

Por favor: s'il vous/te plaît.

Pupunha: palmier et ses fruits.

Recreio: en Amazonie, bateau de transport commercial (voyageurs et marchandises) d'un ou deux étages.

Regatão: commerçant qui troque ou vend des marchandises sur les fleuves.

Rio : fleuve, rivière.

Roça : jardin potager en dehors du village.

Samaúma : synonyme de ceiba.

Senhor, senhora : monsieur, madame.

Seringueiro : homme qui saigne les hévéas et en récolte le caoutchouc brut.

Sueco : Suédois.

Suécia : Suède.

Suíça : Suisse.

Tacacá : soupe amazonienne traditionnelle, faite avec des crevettes séchées, du tucupi (jus de manioc pimenté) et du jambu (sorte de cresson).

Tambaqui : gros poisson.

Télénovelas : séries télévisées brésiliennes.

Tucandeira : fourmi qui peut mesurer jusqu'à 3 centimètres et dont la piqûre est extrêmement douloureuse.

Tucum : palmier.

Varador ou ***varadouro :*** très petit chemin dans la forêt.

REMERCIEMENTS

Mes remerciements reconnaissants vont à

Sophie Rossier Pilloud pour ses conseils avisés et sa confiance

Elisabeth Jaquemet, Jean-Michel Voeffray, Manuelle Zibung pour leur relecture attentive et leur soutien sans faille

Martin Walder sans qui...

Walter Coutinho dont la thèse de doctorat m'a fourni de précieuses informations

Rodrigo Reis pour la mise à disposition de sa carte du Val do Javari et Lucas Zibung pour l'avoir complétée

Une pensée émue pour Bruno Pereira, indigéniste brésilien, et pour Dom Phillips, journaliste anglais, tous deux engagés dans la défense des populations autochtones du Javari, assassinés en juin 2022 sur le rio Itacoaí, sans doute par les hommes de main d'un entrepreneur de la région. Bruno traquait les envahisseurs (pêcheurs, orpailleurs, bûcherons, chasseurs) et Dom documentait leurs activités illégales en vue d'une dénonciation. Sans les indigènes, leurs corps démembrés n'auraient jamais été retrouvés.

A lire aussi en littérature

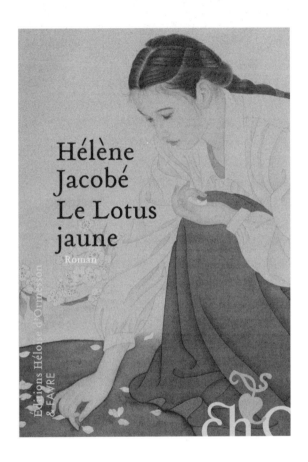

Roman d'un destin exceptionnel, « Le Lotus jaune » rend sa part de lumière à un personnage historique encore célébré aujourd'hui en Chine, la Sainte mère du Lotus jaune, cette pionnière qui a su se construire une existence libre et émanciper les femmes qui trouvaient refuge auprès d'elle. Ses aventures nous emportent à l'ère crépusculaire de la dynastie Qing, au cœur des machinations de la redoutable impératrice Cixi.

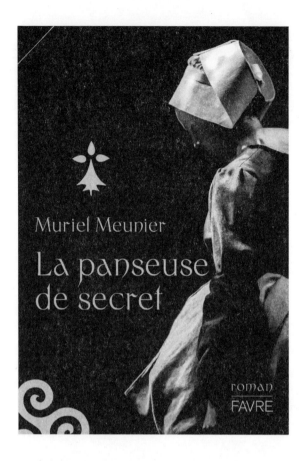

Adoptant le point de vue d'une femme rebouteuse au début des années 1800, l'auteure décrit avec justesse et réalisme les mœurs d'une époque dans une région où l'arrivée au pouvoir de Napoléon 1er engendre de vives protestations auprès des royalistes.

Un roman intemporel et universel qui met l'accent sur les luttes féministes dans l'histoire des soins et de la médecine.

D'une plume maîtrisée et sensible, Monique Rebetez brosse le portrait d'un personnage à la recherche de ses origines.
Léo, orphelin depuis la mort brutale de ses parents, a 7 ans lorsqu'il quitte la cité pénitentiaire où travaillait son père. Trente ans après, il y revient. Dans sa maison d'enfance abandonnée, il tente de reconstruire le puzzle de sa vie. Son enquête l'amènera jusqu'en Sicile…
Un récit qui explore les secrets de famille ; un voyage qui change la vie.

Tous nos titres et nouveautés sur
www.editionsfavre.com